グロービスの実感するMBA

自問力のリーダーシップ

グロービス 著
鎌田英治（グロービス・オーガニゼーション・ラーニング カンパニー・プレジデント）執筆

LEADERSHIP THROUGH SELF-DISCIPLINE

ダイヤモンド社

はじめに

「あなたは成長したいですか?」という問いに対して、NOと言いきるビジネスパーソンは、はたしてどれほどいるだろうか。弊部門(グロービス・オーガニゼーション・ラーニング)の企業研修で、リーダーシップのクラスを担当している私の現場感覚で言えば、受講者の皆さんそれぞれに表出する意欲に差はあっても、実は全員が明確に成長願望を持っている。同時に、ビジネスは個人よりも組織で勝負をする時代だからこそ、人を巻き込むリーダーシップを高めたいという関心が、一様に高い。これは若手、ミドル、シニアなどといった、ポジションや年齢にかかわらず共通する事実である。

一方で、企業経営者は、社員に何を望んでいるのだろう。組織を成長させることを使命とする経営者が、社員の成長や当事者としてのリーダーシップの発揮を望まないわけはない。そして、優れた経営者は、実は彼(彼女)自身が誰よりもよく勉強しているものだ。自らが成長し続け、組織に刺激を与えることが、重要なリーダーシップと心得ているのである。

トヨタ自動車の方から、「新幹線経営」という考え方を伺った。普通の列車は、時速八〇～一〇〇キロメートル程度で走るが、新幹線は三〇〇キロで走れる。それはなぜか。列車は先頭車両が全体を牽引しているのに対し、新幹線は各車両に動力源（モーター）を積んでいる。これがスピードの差を生む理屈だ。

現代の企業経営も、変化への対応スピードを速め、質の高い経営を実践するには、限られたリーダーが全体を引っ張るモデルではなく、組織のあらゆる階層の人々によってリーダーシップが発揮され、社員一人ひとりが自律的に動ける組織を追求する必要があるのだ。

これらの話からもわかるように、リーダーシップ開発に対する必要性と意欲は、昨今、著しく高まっている。しかしながら、どうすればリーダーシップを高めることができるのか、何をどうすればよいか頭ではわかっているがなかなかうまくいかない、よいリーダーと並みのリーダーの差はどこにあるのだろうか、といった声を現場で耳にする。

本書では、こうしたニーズに、少しでも応えたいと考えている。できるだけ、具体的な動画イメージがわき、ビジネス実感にあった考え方を伝えられればと思っている。

■氷山モデルによる層別認識

「理想のリーダーとは、どのような人なのか。まず、理想のリーダー像を描写（言語化）してみてほしい」。私が講師を務めるクラスで、このような問いかけをすると、返ってくる意見は、以下の三つに集約される。

①リーダーは何をやっているかの行動を表現したもの（例：ビジョンを語る）
②リーダーは何を知っているかの知識・保有能力を言い表すもの（例：分析力がある）
③リーダーはどんな人かの気構え、意識を述べたもの（例：克己心が強い）

図表A（氷山モデル）にある通り、「行動」「能力」「気構え、意識」は、あたかも階層をなしているようである。能力および気構え、意識は、水面上の（周囲の目に見える）行動を下支えしているととらえることができる。

つまり、保有能力が発揮され、顕在化した段階で行動になる。そして、よい行動と月並みな行動の差は、氷山の深層部にある気構えや意識の持ち方によって変わると言えるだろう。

■図表A 氷山モデル

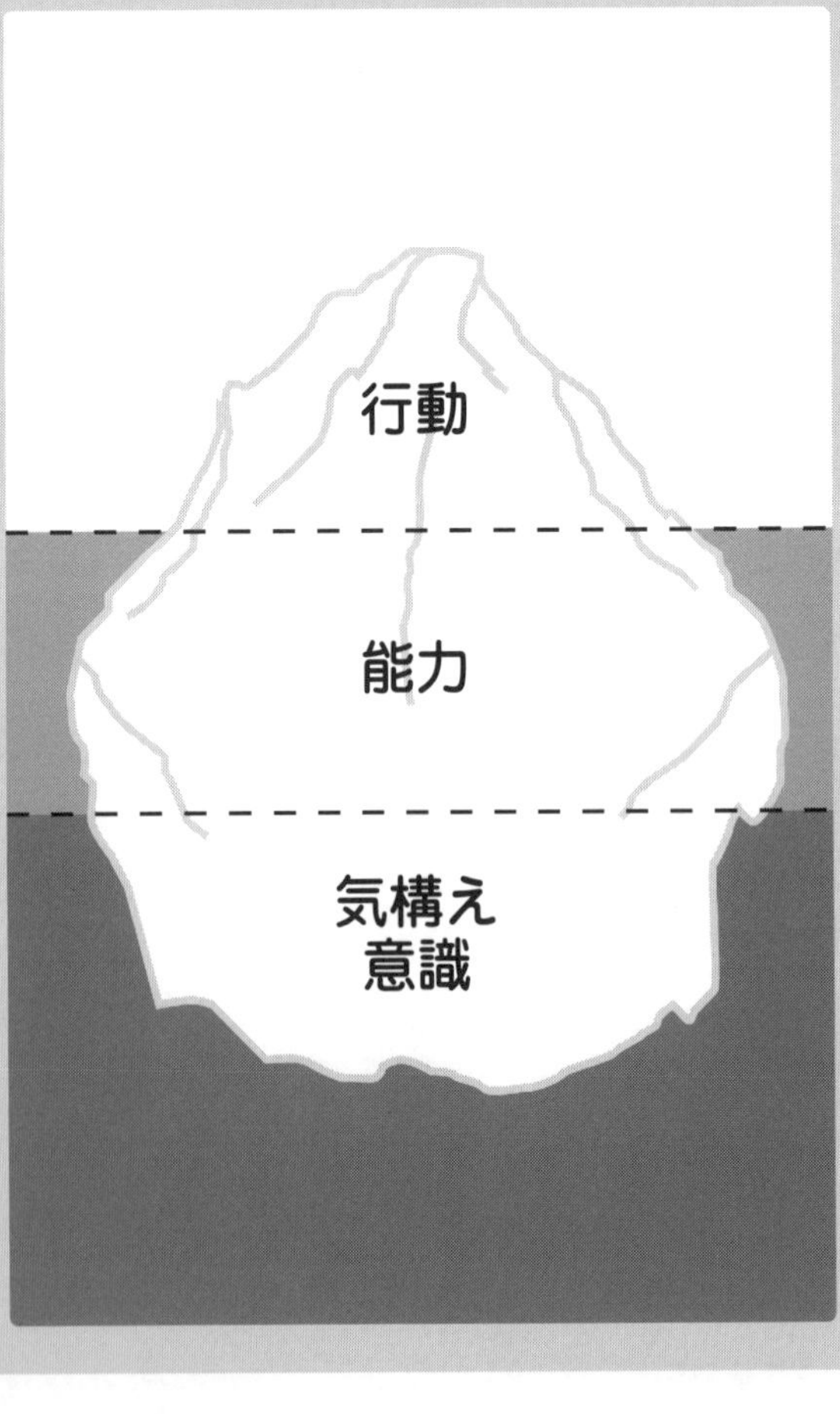

ピーター・F・ドラッカーは、「そもそもリーダーについての唯一の定義は、つき従う者（フォロアー）がいることである」と指摘している。フォロアーから見えるのは、実際になされた行動（言動）のみである。そして、見聞きした行動を通じて、リーダーが持つ能力や人間性（資質）を推し量るのである。

氷山モデルは、表に見える行動の重要性に力点を置きつつ、下層にある能力を高めることに意識を集中することの大切さを示唆している。こうした層別の認識を持ちつつ、自分自身はどこを強化すべきかを意識化していきたい。本書では、この層別構造を基本に、行動・能力＝SKILL面と、気構え・意識＝WILL面の双方から考えを深めていきたい。

■プロセスで見るリーダー行動（リーダー・ウェイ）

行動の重要性は「氷山モデル」の通りだが、より大切なことは、あるべき行動をいかに具体的に認識するかにある。もちろん、唯一普遍のリーダー行動があるわけではない。状況に応じて、発揮すべきリーダーシップは異なってくるものだ。

とはいえ、リーダーの任務を「成果を出すこと」と定義すれば、成果創出に不可欠な基本行動の原型があるのも事実である。リーダー行動の基本流儀とでもいうべきものだ。これは、心得箇条のように各々が独立した概念ではない。行動の流れ、プロセスとして押さえることに価値がある。なぜなら、プロセスとして理解することで、リーダー行動として体得しやすく、かつ、自己チェックしやすいからである。

本書の構成の骨組みとなっているのが図表Bの「プロセスで見るリーダー行動」（リーダー・ウェイ）である。ちなみにこの考え方は、トヨタ自動車の木村俊一氏（グローバル人事部人材開発室長＝当時）との、あるプロジェクトでの濃密な議論が原型になっている。木村氏はじめトヨタ自動車の皆さんとの接点がなければ、形になっていなかった考え方である。

本書では、五つのショートケースを下敷きに、具体的なリーダー行動の陥穽や難所、あるべき行動のＨＯＷや勘所、リーダーとして持つべき骨太な気構え、そして関連する理論やセオリーを5章にわたって順次展開する構成になっている。そして最終章では、リーダーが自らをセルフマネージすることの重要性を、「自問力」というコンセプトで再整理した。

ショートケースの五人の主人公として、三七歳から四九歳までのミドル層、シニア層を描写したが、読んでいただきたい読者は必ずしもこの層に限定してはいない。自らのリーダーシップを強化したい、リーダーとして組織を引っ張って大きな成果を上げたい、という意欲に満ち

図表B　プロセスで見るリーダー行動（リーダー・ウェイ）

①
目標・ゴールを明確に打ち出し、関係者を巻き込む

②
関係者を巻き込み、実行計画を具体化する

③
粘り強く実行し、成果を出す

④
人材を育成し、組織文化を創る

た多くのビジネスパーソンにとって、何らかの発見や気づきにつながることが、何よりの目的だからである。一人でも多くの読者に私たちの想いが伝わることを願ってやまない。

目次

第2章 再生の計画と実行……65

逃げない姿勢、相手に通じる本気の真贋

関係者を巻き込み、実行計画を具体化する

第3章 結果へのこだわり

信念と傲慢の分水嶺

粘り強く実行し、成果を出す

第4章 組織にゆらぎを与え続ける……169

人材を育成し、組織文化を創る

第5章 リーダーの責任……209

真の自立に向けて

リーダーに求められる気構え、意識、姿勢

第1章

プロジェクト・チームを束ねる

伝えることの難しさ

目標・ゴールを明確に打ち出し、
関係者を巻き込む

1 Story

会社
(株)キーマンズソフト

企業向け大手ビジネス・ソフトメーカー
資本金　110億円
売上高　380億円
社員　2500人
東証一部上場

主人公
南雲 隆志(42)

開発本部ソリューション本部長。妻と２児の４人家族。性格は責任感が強く、磊《らい》落《らく》。ライバルメーカーのＳＥだったが、行動力とバランス感覚を買われ、５年前に社長の神谷亮介にスカウトされる。昨年、部長に昇進し、今回、新プロジェクトの統括責任者となるが、元来、率先垂範のプレーイングマネージャー・タイプであり、綿密な戦略を描くことや、チームプレーは苦手で、プロジェクトのメンバーをどうまとめるかに苦慮する。

背景

(株)キーマンズソフトは、10年前までは中堅メーカーの一つだったが、社長の神谷亮介の発案による財務・会計ソフト「やりくり名人」シリーズの大ヒットや、いわゆる「組み込み系」と言われるソフトウエアの開発によって一躍、大手の一角に食い込み、念願の一部上場も達成した。これまでの晴海の本社とは別に、世界のＩＴ発信地「秋葉原」に新拠点ビル「キーマンズ・タワー」をオープン、業界の大きな話題となる。しかし、日進月歩の企業ソフト業界……顧客ニーズの多様化や技術革新に、外資を中心とした企業買収ブームも重なって、業界再編が加速している。社長の神谷は、生き残りをかけて「やりくり名人」に代わる、大企業向けのヒット商品の開発を指示。新プロジェクトがスタートしたのだが……。

プロジェクト空中分解？　南雲部長の選択

「どいつもこいつも危機意識が足らんな。一部上場も、新ビルのオープンも、ちょっと油断すれば、たちまち砂上の楼閣《ろうかく》や。それなのに浮かれてばっかりで……」

社長の神谷亮介のいつもの「ラッパ」が始まった。プロ野球の野村克也監督に似たその独特のボヤキ節を、社員はひそかに「ラッパ」と呼んでいた。取締役会が終わった後は、なぜか決まって南雲のデスクに寄って、ひとしきりラッパを吹くのが恒例行事だった。

確かに会社の業績は順調だったが、多大な投資をして開発した商品が、一年も経たない間に時代遅れとなってしまうビジネスソフト業界。安閑としている暇はない。

特に「キーマンズ」の場合、従来から、個人商店主や中小企業向けソフトが主流で大企業には弱く、ここ数年、売上は伸びても収益的には頭打ちが続いている。

それだけに、大企業向けの新しいグローバル人事ソフトの開発は、これからの社運を左右する緊急課題で、新プロジェクトの狙いもまさにそこにあった。

南雲はその責任者に抜擢されたことを誇りに感じる反面、かすかな不安もあった。

元来、何事も自分で率先してやってみせることで、リーダーシップを発揮するタイプで、部下に細かく指示を与えたり、意志を伝えたりするのは苦手だった。

逆に言えば、何でも自分でやらないと気がすまない性格で、実際、過去にそれが原因で部下との軋轢を生んだこともあった。現在のソリューション本部内なら、気心の知れた部下がフォローもしてくれるが、今回の社内横断的なプロジェクトでは初めて仕事をするスタッフも多く、そういうわけにはいかない。社長からも、そのことは以前から指摘されていた。

「どうだ、プロジェクトは？」

「来週から本格的に。なにせ初めてのケースですから、いろいろ調整が難しくて……」

「ハハ……君の口から調整なんて言葉が出るのは、ちょっと驚きだな」

「いや、社長からも言われていることですから」

「俺のラッパも多少の効果ありってとこか？」

「え……あ、いや、ラッパなんて」

「ええか、いかにメンバーの能力を引き出すか、任しきれるか、そして、それをいかに一つにまとめるかが、このプロジェクトの勝負や」

「ハイ、わかっています」

「決して楽なプロジェクトやない。最終的には、君の突破力に期待してるんや。まあ、君にとっては最も苦手な仕事かもしれんがな、ハハ……」

神谷がラッパではなく、そこまで細かな指示を出すことは珍しく、自分への期待の大きさを肌で感じて、南雲は身が引き締まる思いだった。


新ソフト開発のプロジェクト・チームは、社長の直轄ということで、各事業部から推薦を受けた一五人のメンバーから構成されていた。営業、開発、マーケティング、SEと、文字通りの混成チームだが、いずれも各事業部の精鋭ばかりだ。完成したばかりの秋葉原の新社屋「キーマンズ・タワー」の二一階に、プロジェクト専用の部屋も構えた。

その真新しい部屋でメンバーを前にした南雲は、いつになく饒舌《じょうぜつ》だった。

業界の厳しい状況、その中での会社が置かれている立場、プロジェクトの目的と緊急性まで、滔々《とうとう》と一人で三〇分近くも喋り続けた。

自分が苦手である「意志を伝える」ことを、最重要課題と考えたからだった。

「このプロジェクトには社運がかかっている。誰もが注目している。これまでの成功体験は一切忘れて、新しい発想で、全員が持っている能力を一〇〇%出しきってほしい」

南雲は珍しく自分の言葉に酔っているのを感じた。

ただ、精神論がほとんどで、なぜ新しいグローバル人事ソフトの開発が求められているのか、そのニーズの背景についてはあえて触れなかった。

いまさら言うまでもないことだと判断したからだった。

「久しぶりに燃えてますすよ！」

「南雲本部長の下で働くのが夢だったんです」

チームリーダーに選んだ柳原郁夫と澤田真治は、目を輝かせていた。

普段から「部長の右腕」を自任する柳原は、多少、自信過剰な面はあるものの、突破力と問題処理能力に優れていて、実際、南雲が最も信頼する直属の部下だった。

澤田はＳＥ部門の「期待の星」で、その技術的な知識と行動力、粘り強い性格にクライアントの評価も高い。南雲は彼に、若い頃の自分をオーバーラップさせることがあった。

プロジェクトの実際のオペレーションはこの二人に任せようと、当初から決めていた。ソリューション本部長という立場上、プロジェクトに専念することは社長からも止められていたし、実際、物理的にも不可能だった。さらに言えば、本来苦手な組織づくりやチームワークの育成は、メンバーと年齢的に近い二人に任せたいという思いもあった。

実際、二人の実力はメンバーの中では群を抜いていた。

自分は統括責任者として二人をサポートし、プロジェクト全体に目を配ればいい。思いきって任せることで部下は成長する……それも社長の神谷の口癖だった。

「プロジェクトは基本的にはお前たちに任す。ただし、報告は細かく上げてくれ。いいか、メンバーの力をいかにまとめ、成果を出すか……それが勝負だ!」

「任せてください! これでも本部長の右腕ですから」

「大変な仕事だけど、期待に応えられるように頑張ります」

部屋を出ていく二人の背中を、南雲は頼もしい思いで見送った。

問1

プロジェクト活動の初期動作において、南雲さんの意気込みは伝わるものの、この伝え方で十分でしょうか。

南雲は仕事に忙殺されていた。

ソリューション本部長の本来の業務に、新入社員教育、間近に迫った株主総会の準備と、こなさなければならない仕事が山積みで、席の温まる間もない。

晴海の本社と秋葉原の新社屋が離れていることもあって、プロジェクトの部屋もあれ以来のぞいていない。毎週月曜日、チームリーダーの柳原と澤田が業務報告にやって来るが、報告書に目を通す時間さえなかなか捻出できないほどだ。

しかし、南雲は彼らを信頼していた。

いや……「信頼しようとしていた」と言ったほうが正確かもしれない。

最もビジョンを共有すべき彼らと、じっくり話し合う時間はほとんどなかった。

「作業工程としては、とりあえず予定通りといった感じか……」

「ええ。まだ各自のテーマの洗い出しの段階ですが、来週あたりには方向性が……」

「本部長！　営業の連中がクライアントを回っているんですが、内々で新ソフトの話をすると、みんな興味津々で飛びついてくるそうです。手ごたえ上々みたいですよ」

「ほう、そうか！」

例によって、柳原の景気のいい話を聞きながら、南雲はふと気になって口を挟んだ。

「ところで、みんなのチームワークはうまくいっているのか？」

「え……チームワークって、プロジェクトのですか？」

「ああ、どうなんだ澤田君？」

「え、ええ……何て言うか……まだスタートしたばかりなんで……」

「特に問題はありませんよ、本部長！」

戸惑いの表情を見せた澤田の言葉をさえぎるように、柳原が話題を打ち切った。

気になったが、次の会議の時間が迫っていた。

「とにかくお前たちを信頼しているから、頼んだぞ！」

「事件」を知ったのは、その三日後の朝だった。

南雲隆志はいつものようにデスクで、出勤途中に買ったスタバのコーヒーを飲みながらメールをチェックしていたのだが、そこにチームリーダーの二人が顔を見せた。

定例の月曜日ではないので、直感的に「何かあったな……」と南雲はピンときたが、柳原と澤田のいつにない深刻な表情を見て、それが確信に変わった。

「すみません！　私が楽観的に考えていたのが失敗でした！」

「いや、僕のほうが技術の連中を抑えきれなくて……」

「いったい何事だ。説明を聞かないとわからないじゃないか」

一応、南雲は鷹揚《おうよう》に構えたが、その報告を聞いて愕然とした。

昨夜の会議終了後、プロジェクトのメンバーが流れた会社近くの居酒屋で、議論が高じて殴り合いのケンカに発展したというのだ。幸い、店に頼み込んで警察沙汰は防いだものの、店内の備品が壊れ、メンバー三人が軽いケガをしたと聞いては放ってはおけない。

澤田の頬の擦り傷もどうやらその「戦禍《せんか》」らしい。

「学生じゃあるまいし、殴り合いのケンカとは……原因は何だ？」

「プロジェクトはもう空中分解です。僕はまとめる自信がありません」

「期待されてたのに、こんな事態になって……」

ケンカの原因は、やはり混成チームにありがちな温度差だった。

そもそも今回のソフト開発のコンセプトにおいて、最終ゴールのイメージやビジョン、何が重要かの優先順位が不明確だったため、時間の経過と作業の進展とともに、意識がバラバラになってきた。

まさしく「同床異夢」……プロジェクトのメンバーは、いずれも若手で意欲にあふれた精鋭ばかりだったが、ビジョンの共有がないと、その意欲が時として「衝突」を生む。

特にメーカーにとって「開発」と「営業」の対立は永遠の命題だ。あくまでも技術の優位性を重視し、製品のクオリティにこだわる「開発」の発想（プロダクト・アウト）に対し、顧客ニーズを最優先し、売れる商品の開発を求める「営業」の発想（マーケット・イン）は、なかなか相容れず、今回のケンカの大きな要因もまさにそこにあった。

「その不協和音はいつからだ」

「いつからかと言われれば……最初からでしょうか」

「なんだと！　どうしてそれを報告しない！」

珍しく気色ばんだ南雲の声に、さすがの柳原もうなだれた。

「これぐらい自分たちで解決できると思っていたんですが……」

「本部長によけいな心配をかけたくなかったんです」

いつもの強気が消えうせた柳原の神妙さと、いまにも泣き出さんばかりの澤田の表情が、事態の深刻さを物語っていた。

しかし、その深刻さより、信頼していた部下に裏切られた思いのほうが強かった。

南雲は「二人ともまだまだか……」と、ため息まじりにひとりごちた。

この深い溝をどう埋めるか……。

メンバー同士の信頼感を回復するには、何をすればいいのか……。

思い悩むまま、しかし、南雲はすぐには行動を起こさなかった。

たかがケンカぐらいで、いたずらに騒ぎを大きくして、プロジェクトへの期待を損ねたくなかったし、実際、問題解決のための妙案も浮かばなかった。

「酒の席なんかではなく、普段のミーティングで徹底的に話し合って問題点を詰めろ」

二人にはそう命じて、とりあえず静観することにしたのだが、事態は思わぬ方向に……。

数日後、システム開発事業部長の宮原がデスクを訪ねてきた。

例によって、どこか皮肉っぽい笑いを浮かべながら……。

「オイオイ、どうなっているんだ？　うちの前原と東田が、もうプロジェクトはやめて戻りたい、なんて言っているんだが……」

南雲は一瞬、顔から血の気が引いていくのを感じていた。

＊　＊　＊

「へえ、南雲本部長、一世一代のピンチ！」

「お前、からかってんのか？」

「フフ、そうじゃないけど、そんなに深刻ぶっても仕方がないじゃない」

あまり家で仕事の話をすることはない南雲だが、よほど弱気になっていたのだろう。思わず漏らした愚痴に、妻の仁美が嬉々として反応してきた。

相談をもちかけられることなどめったにないだけに、嬉しかったのかもしれない。頼みもしないのに冷蔵庫からビールをもう一本持ってきて、南雲の前に座った。

「あなたって行動力はスゴイけど、部下の人たちへの言葉が足りないんじゃないの？」

「言葉が？」

「そう。行動力に自信のある人は、とかくそうなりがちなんだって。言葉を信じてないっていうか、バカにしてるっていうか。昨日、テレビの性格占いで言ってた」

「そんなことはない。最近は、自分でも呆れるぐらいに喋っているさ」

「でも、それが届いてないのよ、聞く人の心に」

「届いていない？　ど、どうしてそんなことがわかるんだ？」

「だって、私が感じていることだもの」

「お前が？」

「ホラ、あなたって、家でもいろんなことドンドン自分で決めて進めていくでしょ。

家族はそれで助かる面はあるけど、置いてきぼりでさびしい気持ちになることも多いのよ。もっと相談したいの。行動よりも言葉がほしいのよ。この間のテレビだって……」

「テレビって……いったい何の話だ？」

「大事なのは、カタログ見て最新式のテレビを注文することじゃなくて、お店でいろいろ見ながら、性能はどれがいいかとか、デザインはどうするとか、どの部屋に置こうかとか、いろいろ相談するのが楽しいのよ。それがコミュニケーションでしょ？」

「バカ。そんなテレビの話と仕事を一緒にするな」


そうは言ったものの、妻の言葉が予想外にこたえて、その夜はなかなか寝つけなかった。

確かに自分は行動で示すタイプで、声高にスローガンを掲げたり戦略を描いたりすることは苦手だった。細かく部下の意見を聞いたり、気持ちを忖度《そんたく》することも少なかった。

正直に言えば、そういうやり方をバカにしていた面さえあった。

「言葉が届いてないのよ、聞く人の心に」

改めて、妻の言葉が胸に響いた。

プロジェクトのメンバーたちには「過去の成功体験は一切忘れろ」などと言っておきなが

ら、誰よりも「成功体験」にとらわれていたのは自分ではなかったのか……。

プロジェクトを成功させるためには、何よりまず自分自身が変わらなければ……。

＊　＊　＊

南雲はプロジェクトの作業を一時中断し、改めてゼロからチームづくりに取りかかった。

南雲にとってチームづくりとは、メンバーの「心をつかむ」ことだった。

連日会議を開き、業界の動向や会社の置かれている状況を説明し、メンバーと危機感を共有することに全力をあげた。プロジェクトが目指す、大企業をターゲットにした新しいグローバル人事ソフト開発の必要性を説き、そのためには従来のソフト開発の経験則にとらわれない柔軟で新しい発想と、チームワークの総合力が必要だと強調した。

会議だけではなく、メンバー一人ひとりをつかまえて膝づめで説いた。

従来の上下関係の意識を捨て、時間をかけて納得するまで話し合う覚悟を決めたのだ。

その結果、最初は反応が鈍かったメンバーも、いままでになかった南雲の熱意と、決して饒舌ではないが、その迫力ある語り口に、次第に目を輝かすようになってきた。

並行して、マーケティング部を通してクライアントへの追跡アンケート調査も実施することにした。キーマンズがこれまでに開発してきたソフトの利点だけでなく、不満や注文、改善点などの意見をまとめ、客観的なデータとして開発担当者に提示した。

クライアントの声に真摯に耳を傾けることで、改めて意識改革の必要性を求めたのだ。懸案だった「営業」と「開発」の溝を埋めるための試みだった。

しかし……。

プロジェクトの作業計画が大幅に遅れていることは、すでに社内でも周知の事実だった。弁解の余地もなく、南雲は社長の神谷に率直に詫びた。

役員会では南雲の更迭を求める意見もあったようだが、神谷が押しきったらしい。

「申し訳ありません、力不足で」

「まあ、予想通りだな」

「ハ⁉」

「ええか、確かに新しいソフト開発は大事だが、これは君を鍛えるためのプロジェクトでもあるんや。人間、そうそう簡単には成長せん。それぐらい俺も予想してたさ」

「はあ……恐縮です」

「部下に任せて失敗したから、また自分が出ていく……では元《もと》の木阿弥《もくあみ》だぞ」

「え……いや、それはわかっていますが」

「精鋭ばかり集めても組織は動かんぞ。息苦しくなるばっかりや。もっとノホホンとした緩衝材みたいな人間はおらんのか？　君の分身となるような人材は……」

神谷のその言葉に、ふと浮かんだのがあの男だった。

監査部の村田五郎（四八）。

いまでこそ閑職に追いやられているが、かつて大阪支社にいた時代は、トップセールスとして鳴らした豪快な男で、南雲が三七歳で転職した際、いろいろ相談にのってくれ、毎晩のように議論をし合った。本当に頼りになる先輩だった。

とにかく不思議なくらい価値観が似ていて、ウマが合った。


「へえ、俺みたいなロートルに声がかかるとは……こら青天の霹靂《へきれき》や」

「ロートルって、村田さん、まだそんな歳じゃないじゃないですか」

「そう言っておいたほうが、ややこしい仕事に関わりあわんですむからな。ハハ」

村田はトレードマークの大きな目を、さらに大きくして豪快に笑った。

メンバー同士の無益な対立や衝突を防ぐ潤滑油のような存在、精鋭たちの実力を巧みに引き出すプロデューサー役、そして、若いスタッフが相談しやすい父親のような存在……人懐っこく、柔和で世話好きな人柄は女子社員にも人気が高いと聞いている。

南雲は彼を自分の分身として、プロジェクト・アドバイザーに迎えたいと思った。

もちろん大きな賭けではあったが……。

「まあ、オープンマインドがモットーの俺には、適役かもしれんけどなあ……」

「いかがです、やっていただけませんか」

「ややこしい仕事は断ることにしてるけど、ほかならぬ南雲君の頼みとあってはなあ……」

南雲は返事を聞き終わる前に、村田の手を握り締めていた。

ただ……事はそう単純ではなかった。

村田の件を聞いたチームリーダーの柳原郁夫と澤田真治は明らかに不満顔だった。

「僕たちメンバーとは二〇歳近くも年が離れていますし、チームワークという点から言えば、かえってマイナスではないでしょうか？」

「それに……失礼ですけど、村田さん、現場を離れてかなり経っていますよね」

「私たちを信じてください、そんな人を入れなくても、今度は絶対にうまくやります！」


反発はもっともだった。

二人を信じていないわけではなかったが、南雲は村田の「懐の深さ」、つまり大人の部分に賭けてみたいと思った。あえて「異分子」を放り込むことで、組織が活性化するのか？ それとも混乱を助長して、逆に崩壊に向かうのか……。

「まあ、堅苦しく考えないで、試しにやってみてくれよ。お前たちも、あの人に学ぶことは多いと思うぞ。駄目ならまた考えるから」

それでもまだ二人は不満顔だったが、ひと月も経たない間に表情がガラリと変わった。

「いやあ、村田のオッサン、あの人はたいしたものですよ、本部長！ ダジャレや冗談ばっかり言っているんですが、それが実に的確というか、タイミングがいいというか……」

「悩んでいたり、煮つまっている奴をよく見ててくれるんですね。ピンポイントで声をかけてはフォローするんです。お陰で部屋の雰囲気もガラッと変わって……」

「技術ミーティングにも出席してもらっているんですが、試しに意見を求めると、これがなかなかなんです。あくまでもアバウトなんですが、ポイントを押さえているというか。最近はメンバーのほうからアドバイスを求めるぐらいなんです」

「議論が錯綜しそうになると、『そもそも俺たちは何を目指していたんだっけ』と原点を思い起こさせてくれるんですよ。それに、議論が浮世離れしてくると、『それって本当に可能なのか？』『それを顧客は望んでいるのか？』なんて具合に、現実に即しながら議論を戻してくれるんです。あれは助かりますね」

「営業と開発の溝はどうなった？」

「そんなの、どこか行ってしまいましたよ。あの人にかかったら。それに、もうゴールも共有できてますから」


二人の報告を聞きながら、南雲は確かな手ごたえを感じていた。

プロジェクトの部屋の、明るい笑い声が聞こえてくるようだった。

村田の「経験」と「人柄」が、いま、プロジェクトに新しい息を吹き込み始めている。

南雲は自分の「分身」として送り込んだ人間が、本人以上の活躍をしている様子に、いささか複雑な思いだったが、やはり嬉しかった。

同時に、自分も村田に学ばなければと、心から思ったのだった。

「今晩でも村田さんを誘って一杯やるか」と、デスクの電話を取った。

問2
南雲さんのとった行動がうまくいった根源的な理由は何だったのでしょう。

2 Lecture
ケース解説とリーダーの行動要件

第1章の要点

リーダーの仕事の第一歩は、目標・ゴールを明確にし、関係者をしっかり巻き込むことです。ここで関係者というのは、部下のみならず、関連部門、場合によっては顧客も含まれます。

そこでカギとなるのは、「将来展望と課題把握」「目標・ゴールの明確化」、そして「目標達成への共感」を生み出すことです。特に目標達成への共感は関係者全員に対して腑に落ちるまで、腹の底から徹底して納得させることが最も重要です（我々はこれを「腹落ち」と称しています）。

重要なシーン

本ケースで注目いただきたいシーンは、大きく三つです。

プロセスで見るリーダー行動（リーダー・ウェイ）

①
目標・ゴールを明確に打ち出し、関係者を巻き込む

②
関係者を巻き込み、実行計画を具体化する

③
粘り強く実行し、成果を出す

④
人材を育成し、組織文化を創る

①プロジェクト・チームの初動

第一の注目シーンは、二一ページのプロジェクト・チームのスタートのところです。プロジェクト・チームには往々にしてありがちなことなのですが、なぜそのプロジェクト・チームが立ち上がったかの認識が必ずしも共有されていません。その必然性（Why）や、そこで生まれる成果（What）について明確にし、それを徹底的に伝える必要が本来ありました。

また、その際には、リーダーがトップダウンで物事を決めて下達するだけではなく、双方向のコミュニケーションを通じて、目標やゴールへの納得感を高めることが望まれたのです。

②村田さんがしていることの意味と効果

第二は、村田さんが入ってからの変化です。村田さんがプロジェクト・チームに入ってから、チームワークがよくなり、皆が前向きに一つの目標に向かって走り出すようになりました。これは、村田さんが潤滑油の役割を果たしてコミュニケーションが活性化されたことに加え、皆が目標・ゴールを常に意識しながら、同じ方向に向かって、高いコミットメントレベルで動けるようになったことが大きく効いています。

目標・ゴールは一度説明しただけではなかなか伝わらず、あらゆる場面をとらえて繰り返し確認しなければならないことを物語っています。

③南雲さんのリーダーとしての気づきと変化

第三は、南雲さん自身の変化です。南雲さんは奥さんの「言葉が届いていない」という指摘、あるいは社長の「君の分身となるような人材はいないのか」という言葉に触発され、目標達成のためにリーダーがなすべき仕事を再認識し、同時に、自分自身の至らなさに気がつきました。そして南雲さんは、自分にできることとできないことを冷静に自己評価し、その役割の一部を村田さんに託したのです。果たすべき使命の前に自らの限界を素直に認め、他人に助けを求める「勇気」を持つことも、リーダーには必要なのだと気がついたと言えるでしょう。

重要な行動要件

ここで、目標・ビジョンの創出、共有化に関して重要な行動要件を整理しておきましょう。

そのうえで、先のケースの重要シーンについて振り返っていくことにします。

①将来展望と課題把握

まず、高い視座、多様な視点から現実を見据え、組織の置かれた環境を正しく理解する必要があります。

ここで言う「現実」とは、いわゆる外部環境（マクロ環境、市場環境、競争環境）、そして内部環境（組織内の状況）のすべてを含みます。特に、昨今の厳しい環境変化のなか、外部の環境に目を向け、組織の相対的な位置を知ることはきわめて重要です。外部に目を向けず、内向き思考に陥ると、変化に気づかなかったり、気づくのが遅れたりします。ひいてはそれが、競合に足元をすくわれたり、市場機会をみすみす見逃したり、誤った資源配分を続けたりすることにつながるのです。

こうした姿勢はまた、「正しく考える」という組織能力の開発を妨げることとなり、ますます戦略の固定化、形骸化を招いてしまいます。ちなみに、「正しく考える」ということに対して組織的に取り組んでいる例として、キヤノンの活動を挙げることができると思います。

キヤノンの役員は伝統的に、朝八時から一時間の朝会を毎日実施しています。同社の御手洗富士夫会長によると、テーマを定めない雑談を通じて経営陣同士、互いに深く知り合うことで、真剣に議論を戦わせられるだけの十分な信頼関係を醸成している、ということです。役員会などで忌憚なくコメントし合い、反論を交わすことができるため、経営に健全さや透明性がもたらされるのでしょう。

ところで、ひとくちに外部環境を見ると言っても、適切に見ること、正しく理解することは簡単ではありません。そしてそれは往々にしてスキル不足ではなく、マインド面が問題となっていることが多いものです。

外界に正しく目を向けることができない原因としては、以下のような例が挙げられます。

■自己満足により感度が鈍くなる

外部環境の変化に関心を持たなければいけないという意識がそもそもない状況です。言い換えれば、現状に満足しきっている、とも言えます。

こうした状況が起こりやすいのは、ある程度の成功を収めており、いまの状態に不都合を感じていない組織、あるいはそもそも市場との接点が少なく、市場の声が届きにくい、ガバナンスが効きにくい状態の組織です。前者はかつての優良企業、後者は官庁などが該当します。

「平和ボケ」に浸りきって、感度が鈍くなっている職場（ゆでガエル症候群：お湯の温度がどんどん熱くなってきているという変化に気づかず、のぼせてしまい、手遅れとなる）とも言えるでしょう。

自己満足がさらに高じると、気の緩みのみならず、慢心や傲《おご》りが出てきます。成功体験やそれに伴う自信は往々にして、ひたすら我が道を行くという頑迷さを強め、外部に学ぶ意識を弱めかねません。過去に成功したという自負が、外部の声に耳を傾けようとする謙虚さの邪魔となるのです。

■「変わらないほうが楽」と考え、易《やす》きに流れる

環境変化に合わせていずれは変わらなければならないということは頭で理解していながらも、変化に伴うコスト（手間ひま、エネルギー）の大きさから、変化に目をつぶってしまう状況です。面倒なものは見たくない、関わりたくないという心理的抵抗とも言えます。

この抵抗は、変化によって失う「既得権」を実際以上に大きくとらえている場合、あるいは現状を維持することのリスクを現実以上に小さくとらえている（あるいは気づいていない）場合にさらに大きくなります。いわゆる抵抗勢力は、しばしばこうした錯覚に陥ります。

外に目を向ける時間を捻出できない

外部環境の変化に関心を持つ必要性を理解していても、物理的な時間不足からそれができない状態です。

いろいろな企業の管理職の方からよくうかがうのは、「やるべきことが多すぎて、なかなか外に意識を向ける時間がつくれない」という話です。しかし、私が見る限り、現実には、必要以上に社内の仕事に時間を使いすぎているケースがほとんどです。顧客優先ということを頭の中では理解していながらも、手のかかる社外の大きな仕事より、目の前の、片づけやすい社内の仕事から手をつけてしまうのです。結果として、社外よりも社内に多くの時間を費してしまう。洋の東西を問わず、多くの企業で横行している現実なのではないでしょうか。

では、こうした陥穽《かんせい》に対してどのような対応が考えられるでしょうか。

まずは、「健全な危機感」を醸成することです。顧客が現状に不満を持ち、何らかの新たな欲求を持っていること、競合が虎視眈々《こしたんたん》と新たな挑戦を仕かけようとしていること、社会構造の変化や技術革新など大きな変化がじわじわと起きつつあることなど、知っておくべき事実をまずは周囲に伝えることが必要です。

マイクロソフトの創業者でもあるビル・ゲイツは、こうした危機感を社内に醸成することに大きなエネルギーを使いました。「我々にとって競争とは、極めて革新的な製品を作り出すことなのだ」「我々も最大限に努力しないと、すぐに競争相手に追いつかれてしまうだろう」[注1]。ゲイツは折に触れてこうしたメッセージを発し、組織に慢心が広がることを戒《いまし》めたのです。

リーダーはまた、単に外部に目を向けさせるだけではなく、そこで起きている変化の意味合いを考えさせることも大事です。たとえば、少子高齢化は自分の組織にとってどのような意味を持つのか、EU（欧州連合）の拡大はどのような意味を持つのか、消費の二極化はどのような意味を持つのか――さまざまな出来事がどのような事業機会や脅威をもたらすのかについて、常に考える癖をつけさせることが重要です。逆に言えば、情報収集を怠ることの怖さ、アンテナの感度が鈍いことがもたらす危機などを、部下に実感させることが求められます。

同時に、無意味な社内調整をさせないことも重要です。多くのビジネスパーソンは、意味のない社内業務（無駄な調整、過剰なまでの品質維持など）に時間を使っているものです。

ご参考までに、私のやり方をご紹介しましょう。まず、社内の説明については資料のつくり込みに過度な時間をかけさせないようにしています。スタッフ部門では、顧客への価値創造に寄与しない「ためにする仕事」を生み出さないよう（スタッフ部門はライン部門に比べ、こうした仕事を増やしがちです）、「やらないことのリスト化」を心がけました。本当にやるべきことに意識を集中させるうえで、これは非常に有効と感じています。

ともあれ、最終的には、リーダー自らが外向きの仕事に意識を集中し、その姿勢を見せることが、外に関心を向けさせるための特効薬にほかならないと考えています。リーダーが内向きになると、下の人間も内向きにものを見始めます。役員が部長の視点で細部にわたる指摘を始めれば、部長は課長の仕事に降りてきます。これでは社員の仕事はどんどん小さくなっていくでしょう。そんな事態を避けるためにも、「外を向いたマネジメント」を意識すべきなのです。

また、言うまでもなく、リーダー自身が「外向きのアンテナ」を持ち、外部の事実から将来を予想する力を磨く必要があります。自らの経験則に基づく予想では不十分です。「自らに馴染みのない立場、反対の立場からどうすればよいかを考える力が必要になってきた」[注2]と日産のカルロス・ゴーンCEOは語っています。

組織の各現場に、深い洞察力をもって社会を見渡せるリーダーが数多く存在することで、組織の視野狭窄を防ぎ、組織全体の変化を加速できるのです。

さて、今回のケースでは、主人公の南雲さんは、外部に対して敏感に目を向けていた点は高く評価できます。しかしながら、その視点や、そうした視点を持つことの重要性を必ずしも部下に徹底できなかった点に問題がうかがえます。

COLUMN

格言集

「人間は見たいものしか見ない」——諺

「成功体験者が過大な権威を持ち、成功体験分野が過大評価されると、組織全体が仮定を積み上げる『思考の蟻地獄』に陥ってしまう」——堺屋太一[注3]

「リーダーの最初の責務は事実を明確にすることである」——マックス・ドゥプリー[注4]

「天才とは、その人だけに見える新事実を、見ることのできる人ではない。誰もが見ていながらも重要性に気づかなかった旧事実に気づく人のことである」——塩野七生[注5]

「物事を見るのは人によってそんなに違いはない。問題は見てからそれをどう感じるか、どう行動するかの違いである」——小倉昌男[注6]

②ビジョン、目標、ゴールの明確化

強い組織をつくるためには、組織の構成員が目標として「同じ絵」を見ることが重要です。同じ絵を見ているからこそ、適切な業務の配分ができ、無駄を省き、コミュニケーション・コストを最小化することもできるのです。また、同じゴールに向かって頑張っている同志であるという仲間意識や連帯感も生まれます。この絵こそが、ビジョン、あるいは目標、ゴールと呼ばれるものです。

そこで見せる絵は、単なるスナップ・ショットではなく、「動画」として頭の中に具体的な場面をイメージできることが重要です。それにより、強く記憶に残るし、その絵に向かってワクワクとした心の躍動感を持てます。また、動画を皆で共有できれば、それをさらに第三者に説明することで巻き込むことも可能になります。

とはいえ、他者を巻き込むビジョンを表現するのは容易ではありません。グロービスでは企業研修でビジョンづくりのお手伝いなどもすることがあるのですが、受講生の皆さんが一様に苦労し悩むポイントでもあります。

どんな点を意識すると「伝わる」ビジョンや目標、ゴールになるのか、ポイントとしていくつか挙げておきたいと思います。

・受け手の使命感や利益実感を刺激する

受け手が意気に感じる

受け手の利益（自己実現、成長、金銭的報酬など）につながる

・具体的なイメージが伝わる

スローガンや象徴的キーワードが、忘れにくく印象に残るものになっている

日常的にも意欲が維持でき、何かあったときに「そもそも」の原点に回帰しやすい

・定量的である

達成できた／できないが明確

・達成にチャレンジを伴う

現実を踏まえつつも挑戦心をかき立てられる

「これまで」と違う進化、「これから」の試みが盛り込まれている

これらのポイントを押さえたビジョンの例としては、東芝の「イノベーションの三乗」（開発、生産、販売の三つが同時並行的にイノベーションを起こし、乗数的な効果をもたらす）と呼ばれる活動などが挙げられます。

なお、こうした目標・ゴールは一方的につくって伝えるのではなく、関係者それぞれに意見を求め、理解度合いを確認していくなど、双方向の密な意思疎通が、初期段階では特に大切です。こうしたプロセスを通じて、納得感やコミットメントを高めることができるからです。

③共感と必要性の伝達

複数の関係者を巻き込む場合、初動（初期動作）がとりわけ肝心です。最初に十分な対応をしなかったり、ボタンをかけ違えたまま仕事が進んで行くと、負担や混乱が必ず生じますし、それは時間の経過とともに大きくなります。修正が取り返しのつかないほど大きくなり、関係者の時間という貴重な経営資源を無駄にしないためにも、初動において向かうべき方向性、さらにはなぜその方向に向かうのかを関係者としっかりと握っておく（コンセンサスをつくっておく）必要があります。

より具体的には、何を（目標）、何のために（目的、効果）やるのか、背景（理由）、さらには、やらないことのデメリットを具体的に説明し、徹底的に考え方の共有を図ることが望まれます。これは、目標・ゴールを正しく伝えると言い換えてもいいでしょう。必要な事項を正しく伝えて初めてチームは同じ方向に動き出せます。

その際、問題や情報を「視《み》える化」して共有しておくことも有効です。そうすることで、関係者に問題解決の必然性や危機意識を強く伝え、腹落ちさせることができるからです。

同時に、優先順位はもちろん、仕事を進めるうえでの制約条件や判断基準などもしっかり共有しておきましょう。そうすることで、関係者が自律的に判断できるようになれば、おのずと当事者意識が芽生えますし、動きにスピードが生まれてきます。

ところで、どれだけ素晴らしいビジョン、目標、ゴールであっても、それが万人に同じように響くとは限りません。個々人の腹に響く伝え方が求められます（私はこれを「深く伝える」と呼んでいます。これについては第2章の九四ページで改めて説明します）。

効果的に腹落ちさせる一つの方法は、個々人の担当業務を、組織全体のビジョンや目標と結びつけることです。担当業務が、その企業のミッションやビジョンと最終的にどう結びつくかを考えさせ、自らの役割を高い視点で考えさせることで、自らの存在意義を確認してもらい、仕事に対する志を高く持たせることが可能になります。

この営みは、リーダー自身が高い志をスタッフに示し、彼らの共感を得ることから始まります。ここでは、その志自体が人を惹きつける力を持っていることが不可欠です。たとえば、広く世の中に価値を提供するようなもの、顧客や株主だけにとどまらず、地域や国、世界といったコミュニティとのよき関係を連想させるものであることが望ましいでしょう。そうした志を実現しようとするリーダーの具体的な行動が、周囲にポジティブなエネルギーを与え、メンバーの働き方と意識を広く社会に向いたものに導くのです。

本ケースでは、初動のところで、明確な目標・ゴール（What）を出しきれなかったことに加え、そもそもなぜ今回のプロジェクトが動き始めたのか（Why）も伝えることを怠ってしまった点に問題があります。その理由は主に、自分が「忙しい」ことを理由とした「手抜き」と、相手もわかっているという「思い込み」です。忙しかったのは事実かもしれませんが、これではメンバーを一つにまとめたり、やる気を喚起したりすることはできません。

南雲さんはその後、改めて自分自身を見直し、自分が手を下せない点に関して村田さんに助けを求めました。ここで、村田さんに対するメンバーたちのコメントに注目してください。

「議論が錯綜しそうになると、『そもそも俺たちは何を目指していたんだっけ』と原点を思い起こさせてくれるんですよ。それに、議論が浮世離れしてくると、『それって本当に可能なのか？』『それを顧客は望んでいるのか？』なんて具合に、現実に即しながら議論を戻してくれるんです」

すなわち村田さんは、目標、ゴール、ビジョンの伝道師としてだけではなく、そのリマインダーとしても機能しているのです。これによりチームに求心力が生まれ、またベクトルが一致していったのです。目標、ビジョン、ゴールは一度伝えればよいというものではなく、機会をとらえては何度も繰り返し共有を図る必要があります。

リーダーとして一皮むけるための気構え

本ケースにおいて、結局、南雲さんはリーダーとしてどこが一皮むけたのでしょうか。私が一番指摘したいのは、目標達成のために自分の弱みを正面から見すえ、謙虚に自己を評価することに気づいた点です。人は往々にして、責任を果たすということは、全部自分でやることと勘違いしがちですが、それは必ずしも正しくありません。いつも自分ですべてやることが、責任を果たすこととは言えない場合もあります。

自分ができないこと、あるいは人にやってもらったほうがいいことについては、早い段階でそれを見極め、必要に応じて手助けを求める勇気を持つことが、これからのリーダーには不可欠です。日本の高度成長期の宰相、池田勇人はこの資質、能力に優れ、「彼を助けなくてはならない」と思わせるのが得意だったそうです。そして彼の周りには前尾繁三郎、大平正芳、鈴木善幸、宮澤喜一らの多士済々が集まり、池田を守り立てたのです。

リーダーに求められる要件としての謙虚さについては第5章で改めて触れます。

ここで、関連する組織管理論、あるいはリーダーシップ論について簡単に紹介しておきましょう。

3 Theory

プロジェクト・チームの運営

本ケースでも見られましたが、近年、経営環境の急激かつ多様な変化に機敏に対応すべく、ある特定の目的を達成するためだけに時限的なチームを組成するケースが増えています。こうしたチームをプロジェクト・チームあるいはタスク・フォースと言います。有名な日産のCFT（クロス・ファンクショナル・チーム）は、一九九〇年代後半から組織横断的なプロジェクト・チームが大きな成果を収めた典型例です。同社のCFTでは、専門機能を融合させながら、縄張り意識を排し、全体最適を実現しました。

プロジェクト・チームは少人数で特定の目的を達成するためにつくられ、一般には目的を達成した時点で解散します。業務付与（アサインメント）も流動的な場合が少なくありません。メンバーが所属の部署を一時的に離れチームの仕事に専心するタイプと、必要に応じてチームの仕事を兼務するタイプがあります。

プロジェクト・チームでは、多様なメンバーが多様な視点で懸案事項を検討します。その結果、組織の壁を超えた協業が実現し、これまでにない斬新なアイデアが生まれたり、優れた仕事の進め方を発見することが期待されます。

①プロジェクト・チームを機能させるためのカギ

しかし、単にさまざまな部門からメンバーを集め、プロジェクト・チームをつくれば新しいアイデアが生まれるというものではありません。逆に、メンバーの間の緊張や対立が起きやすい、あるいは当事者意識の欠如が起きやすい、といったデメリットも指摘されます。こうしたデメリットを避けながら、プロジェクト・チームを機能させるためのいくつかのポイントを確認しておきましょう。

■人選

まずは、チーム・メンバーのスキルセットが相互補完的になっていることが望まれます。ここでいうスキルは業務上の専門知識や問題解決スキルはもちろん、対人スキルなども含まれます。たとえば、全員が沈思黙考型では活力が出ないので、そうした人員が多くなってしまう場合、フットワークが軽い人間、あるいはムードメーカー的な明るい人間も参加することが望ましいでしょう。

■経営陣からのサポート

プロジェクト・チームが成果を出すためには、必要な経営資源を適時適切に与えるとともに、助言や社内へのアナウンスなど、チームが働きやすくなる環境を整えることが必要です。プロジェクト・チームが元の部門に籍を置きながら活動する場合には、プロジェクト・メンバーが一緒に作業できる時間や場所を確保してあげたり、人事考課における不安を解消してあげることも必須です。

■目標や価値観、規範の共有

プロジェクト・チームは、多様なバックグラウンドの人材が集まるがゆえに、通常の組織、チーム以上に目標、価値観の積極的な共有が求められます。目標については先述した通りですが、価値観、規範の共有も重要です。価値観や規範は、言い換えれば、そこで期待される思考や行動の様式と言えるでしょう。これが共有されていないと、表面上はゴールが共有できていても、行動に統一感が生まれないため、非効率になってしまいます。特に重要な価値観や規範は、ルールとして明文化しておくことが望ましいでしょう。

価値観の共有は、目標、ゴールづくりの際にメンバーを巻き込み、その背景等をしっかり共有することで促進することができます。また、リーダーが折に触れ、望ましい行動を称賛・共有し、望ましくない行動を指摘・共有することでも促進されていきます。

ゴールや価値観が共有できれば、集団としての一体感が高まり、コミットメントのレベルもおのずと上がっていきます。また、スピーディな行動に不可欠の権限委譲もこれによって実効あるものとなっていきます。

②ビジョン設計

ビジョンは、往々にして「なりたい姿」になってしまいがちですが、どれだけ「なりたい」と切望しても、時流に合っていない（市場や世間がそれを望んでいない）ならば、絵に描いた餅になってしまいます。また、仮に市場から望まれていたとしても、本当にその姿になれるかはまた別問題です。当然のことではありますが、ビジョンの設計にあたっては、「なりたい姿」だけではなく、「求められる姿」「なれる姿」という観点も兼ね合わせて発想することが必要なのです。

ビジョン設計の起点は、まず社会や市場のニーズを把握すること、すなわち外部環境分析です。それぞれの環境にどのような変化が起こるのか。そうした変化のなかでも特に自社の未来に重要な影響を及ぼすと考えられる「変革要因」は何なのか。そして、それらがどのように関連し合い、最終的に自社や自組織に影響を及ぼしていきそうなのか——これらを適切に把握することが必要です。

その際、それぞれの変化が、どのタイミングでどの程度のインパクトを与えるかを可能な限り定量的に分析することが望まれます。もちろん、将来のことについて一〇〇%正確に予測することはできませんが、そうした場合でも、主要スタッフの間で情報を共有し、意識を合わせておくことが、一致団結したスピーディな行動へとつながります。

③SWOTの活用

外部環境と内部環境の変化を把握し、組織の置かれた状況を知る分析手法としてSWOTがあります。SWOTは、「内部環境／外部環境」の観点と、「好ましい傾向／好ましくない傾向」の観点の二つの軸でマトリックスをつくり、組織の直面する課題や事業機会について分析を行うものです（次ページの図を参照）。ビジョン設計や戦略立案の際にも多用されます。

SWOT分析では、ある事象の変化が、自社に好ましい影響を与えるのか（強み、機会に結びつくのか）、逆に好ましくない影響を与えるのか（弱み、脅威に結びつくのか）について、議論を通して意識共有を図る手段として有効です。

■SWOT分析

	好ましい傾向(+)	好ましくない傾向(−)
内部環境	強み Strengths	弱み Weaknesses
外部環境	機会 Opportunities	脅威 Threats

第2章

再生の計画と実行

逃げない姿勢、相手に通じる本気の真贋

関係者を巻き込み、
実行計画を具体化する

1 Story

会社
(株)芝原電産

総合家電メーカー
資本金　950億円
売上高　1兆2000億円
社員　13000人
東証一部上場
23事業部

主人公
小山田 剛(49)

芝原電産コンシューマー本部　携帯電話事業部・部長。東大卒のエリート社員として、宣伝部、広報部、ブランド開発部など一貫して花形部門を歩いてきたが、今回、突然、携帯電話事業部へ異動となる。入社以来、現場は初めてなだけに驚きと戸惑いばかりが先に立った。一般的には携帯電話事業は花形産業だが、芝原電産の場合は他社に比べて技術開発の立ち遅れやブランド戦略の不備が目立ち、当初から売上が低迷。いまや会社のお荷物的存在で、事業売却の噂さえある。上層部は、いまのトップでは再建は無理だと判断し、マネジメントとイメージ戦略に長けた小山田に白羽の矢を立てたのだが……。

背景

芝原電産は、かつて洗濯機や冷蔵庫などの「白物家電」で大ヒットを飛ばし大手家電メーカーの仲間入りを果たしたが、ここ数年、激変する事業環境の変化に対応しきれず、全社的に苦戦が続いている。なかでも、3年連続赤字を計上している携帯電話事業部は、デジタルカメラ部門とともに不採算部門の代表的存在となってしまっている。そんななか、会社は銀行に300億円の緊急融資を仰ぐ一方、経営陣も一新し、1200人の希望退職も実施した。現在は全事業のスリム化や見直し、再構築に取り組んでいるのだが……。

空回りする変革……小山田部長の目覚め

高速の松本インターを降りると、車窓に美しいアルプスの山脈が見えてきた。四月とはいえ、山の稜線はまだ白い雪を冠している。

瞼に焼きついた懐かしい風景だ。大学時代、山岳部だった小山田は、新宿から仲間たちと夜通し夜行に揺られ、明け方、車窓から朝焼けのアルプスを何度仰ぎ見たことだろう。

しかし、その懐かしい風景と、まさかこんなかたちで再会することになろうとは……。

専務に呼ばれたつい二週間前のことを、小山田はまた思い出していた。

「携帯電話事業部……現場ですか？」

「ああ。君も本気で取締役を目指すなら、ここらで一度は現場を知っておかないとな」

「し、しかし、専務、携帯電話事業部は……」

「だからこそ腕のふるい甲斐があるじゃないか。現場の連中の発想じゃ駄目なことはわかっているんだ。君みたいな、常に時代の最先端で生きてきた人間の、斬新な発想で根本から立て直せというのが、社長の意見なんだ」

「社長の……ですか？」

「そうだよ。それだけ社長も期待しているんだ。携帯電話事業部を立て直したとなれば、大手柄だ。当然、上層部《うえ》の見る目も違ってくる。わかるだろ？」

「わかりますが……ただ、まさか」

「なんだ？」

「まさか、片道切符っていうことはないんでしょうね？」

「ハハ……何を言っているんだ。あくまでも取締役への通過点だよ、通過点！」


人事の理不尽さは、何もいまに始まったことではない。

多くの同僚や先輩が、ある日突然、明確な理由もないまま不本意なポストへの異動を命じられ、悩み、悲嘆し、失望し、気力を失っていく例を小山田も数多《あまた》見てきた。

しかし、「ＳＨＩＢＡＨＡＲＡ」のブランド戦略を一手に担い、数々のヒット商品を世に送り出してきた自分が、まさかこの歳になって現場行きを命じられるとは……。

取締役への通過点……そんな空手形が反古《ほご》にされた例も腐るほどあった。

「ようし、俺は実力で本社に戻ってやる。意地でも携帯電話事業部を立て直してやる！」

久しぶりに武者震いを覚えた。切り替えが早いのは、山男のいいところかもしれない。

「部長、大丈夫ですか？　もう着きますよ」

部下の山根庄司の声で、小山田はやっと我に返った。


携帯事業本部の長野工場は、松本から三〇分、アルプスを臨む盆地の中央にある。

赤字にもかかわらず、三年前、前社長が一五〇億円を投じて完成させた最新鋭工場だ。

事業本部自体の所在地は品川のオフィスビルだが、事務部門とデザイン部門の一部があるだけで、主力の研究・開発・製造部門はすべてこの最新鋭工場の中にある。

したがって、小山田も当分は東京と長野の二重生活になる。唯一、本社から連れてきた部下の山根庄司は、異動そのものより、東京を離れることが一番の不満のようだった。

工場に着くと、小山田はすぐさま工場の幹部を集めて会議に臨んだ。会議とはいえ、もとより話し合うつもりはなかった。異動を言い渡されて二週間、小山田は部下の山根とともに、すでに独自の改革案を練り上げていた。とりあえず、それを実行するのみだった。

工場長の重松藤次（五八）は、地元採用から工場長にまでなった努力家で、なかなか骨のある人物と聞いていた。みごとな銀髪で、日焼けした顔はどこか農夫を思わせた。

「重松さん、いきなりこういう言い方は失礼だと思いますが……」

「何でしょう？」

「正直、議論をしている余裕はないんです。これから一年、何も言わず、私の言う通りにしてもらえませんか」

「ええ、結構ですよ。我々はいままでも、ずっとそうしてきました」

「とりあえず一年でいいんです。お願いします」

「一年後に何がありますか？」

「もちろん業績のアップです。事業の黒字への転換です。結果を残すしかありません。協力してもらえますか？」

「ですから、我々は、いままでもずっとそうしてきました。小山田さん、そうしてきた結果が、現在の携帯電話事業部です。いまのやり方を繰り返す以上、黒字への転換が至難なことは、あなた方本社の方が一番よくご存じのはずです」

重松の言いたいことはわかっていた。

携帯電話事業部の業績不振は、基本的には本社の戦略の失敗で、工場のスタッフに責任はなかった。指摘される技術開発の立ち遅れも、能力の問題ではなく、無茶な新工場建設の費用負担が大きく、研究・開発費に十分な予算を割けなかった影響が大きい。

重松の言葉は、本社の方針に振り回され続けてきた工場スタッフの思いを代弁していた。しかし、小山田はあえて重松の言葉を無視した。議論をしているゆとりはなかった。

小山田に代わって山根が説明する「改革案」を、誰もが押し黙って聞いていた。

固定費の徹底的な削減、予算配分の見直し、新機種のコンセプト……。

強引だとは思ったが、小山田はあくまでも自分の力で結果を出したかった。

最後に重松が口を開いた。

「一つだけ聞きますが……新たなリストラはありますか?」

「結果しだいでしょう。少なくとも、いまの段階ではその方針は聞かされていません」

問1 小山田さんの重松さんへのコミュニケーションに、問題はなかったでしょうか。

東京と長野の二重生活が、三カ月目を迎えようとしていた。

ただし、新機種の発売に向けたコンセプト・ワークに追われる小山田は、ほとんどが東京での会議が中心で、窓からアルプスを臨む松本のマンションで寝たのは一〇日もない。

とにかく業績の回復には「ブランド力の復活」が急務だった。

そのために小山田は、すべて外部スタッフで構成した新しい「ブランディング委員会」を社内に設け、半年後に迫った新機種の発売に全力投球することにした。

個人的な人脈を利用し、デザイナーやコピーライター、ファッション雑誌編集長などをメンバーに加え、コンセプトや商品戦略を徹底的に議論。携帯電話会社とも何度となく協議を重ね、ようやく納得のいく「商品イメージ」ができ上がった。

宣伝部、広報部時代からイメージ戦略には絶対的な自信を持っていた。

新機種の商品コンセプトは「ＡＳＯＢＩ（遊び）モバイル」。

技術的には目新しいものはなかったが、カメラ機能とメールの絵文字を充実させ、遊び感覚を強調した。大胆な曲線を活かしたスタイリッシュなデザインは、女子高生や若いＯＬをターゲットとしたもので、カラーの種類も従来の二色から一気に五色に増やした。

小山田はこの新機種にすべてを賭けていた。

その間、工場のほうはほとんど部下の山根に任せきりで、長野に戻った際に報告を受けるだけだったが、久しぶりに見た彼の表情は冴えなかった。

「どうだ、その後、工場のほうは？」

「新機種の生産も順調ですし、特に問題はありません。ただ……」

「ただ……何だ？」

「どういうか……社員たちの無気力さが気にかかります」

「無気力？」

「いや、別にサボったりしているわけではありません。みんなちゃんと自分の仕事をこなしているんですが、ただこなしているだけで、覇気というか生気というか……」

「何か反発みたいなものがあるのか？」

「いや……反発でもあれば、何かのとっかかりになるんですが、それも特に……」

「要するに無気力ってことか」

「そうとしか言いようがありません」

「なぜだ？　携帯電話事業部の現状は誰もが理解しているはずなのに、危機感はないのか？　どいつもこいつも負け犬根性が染みついているのかな、まったく！」


山根の前という気楽さもあって、小山田は珍しく苛立った声をあげた。

何とかしなければと思いつつも、なぜか本気になりきれなかった。もとより携帯電話事業部に骨を埋める気などなかったし、とにかく結果を出して早く本社に戻りたかった。身勝手と言われればそれまでだが、少なくとも、ここで自分の才能が発揮できるとは思えなかった。正直言って、小山田は「現場」は苦手だと思った。


「一度、重松さんとゆっくり話し合ってみるのはいかがでしょうか？」

「そうだな。新機種のキャンペーンが終わって一段落したら、そうするか」

山根のアドバイスはもっともだったが、やはりその気にならなかった。

そして、残念ながら……。

小山田が本社復帰をかけた「新機種」は、結果を出せなかった。

限られた予算の中から、思いきった宣伝費を投入し、懇意にしているタレント事務所に無理を言って、いま売り出し中の新人タレントをCMキャラクターに起用したが、その効果はほとんどなかった。通常、携帯電話の新機種は発売三カ月が勝負だが、最初の月こそ順調だったものの、三カ月目には前年同月比を下回る有様だった。

反省点はいろいろあったが、基本的には構造的な問題だと小山田は割り切った。

一度、輝きを失ったブランド・イメージを取り戻すのは、そう簡単なことではない。

ただ、専務の電話での声が急に冷淡になったのは、正直、小山田も予想外だった。

「仕方がない。失敗は取り戻すしかないだろ」

「失敗ですか？」

「そりゃそうだろ。結果が出なかったんだから」

「いや、しかし、専務もご存じのように、そもそも携帯電話事業部には……」

「オイオイ、言い訳はよしてくれ。とにかく結果を出さないと」

「それはそうですが……」

「頑張ってくれ。ただし、余分な金はない。来期の予算は二割カットだ」

「そ、そんな……」

「金がなくても、頭と経験を使え。それが君の強みだろ」


小山田は全身に脱力感が広がるのを感じていた。

生まれて初めて「挫折」という言葉を思い浮かべていた。

東大卒のエリートとして、入社以来、常に陽の当たる場所を歩き、その自負も人一倍強かったが、考えてみれば「挫折」も知らない、ひ弱なエリートだったのかもしれない。

そんな思いにとらわれていると、手元の携帯が鳴った。山根だった。


「何かあったか?」

「重松さんが……工場長が辞表を出しました」

「な、なんだと! 理由は!」

「一身上の都合としか……」

「どうして……。と、とにかくすぐ戻る！」

問2 小山田さんの仕事の進め方にどのような問題があったのでしょう。

東京・神楽坂。

宣伝部時代からの馴染《なじ》みの小料理屋で、小山田は久しぶりに旧友と向かい合っていた。

飯島信也は大学の山岳部仲間で、卒業後はメーカーと商社と、進む道は違ったが、いまも年に一回は連絡を取り合って痛飲する。小山田にとっては最も心が許せる親友だった。

「なるほど、よりによって携帯電話事業部か……フフ、苦労しているんだろ？」

「まあな。なにせ現場は初めてだから」

「しかし、二、三年もすれば本社に戻って、いよいよ取締役レースだろ」

「ハハ……そういう話もあったが、空手形に終わりそうだ」

飯島を呼び出したのには訳があった。

繊維本部の部長だった彼は、昨年、債務超過で経営破綻した老舗アパレルメーカー「神津産業」の再建のため、新社長として送り込まれた。放漫経営の原因を招いた旧経営陣の一掃、財務基盤の強化、同族経営に慣らされた社員たちの意識改革、ブランドの再構築と矢継ぎ早に改革を実行し、負債は別にして、わずか一年で単年度黒字を達成した。

その手腕は経済紙などにも再三取り上げられ、小山田も何度か記事を目にした。

まさに、いまの自分の立場とオーバーラップする部分があり、何かヒントを得られたら……と思ったのだが、飯島の口から出たのは意外な言葉だった。


「え……辞表って、つまり商社を辞めたってことか？」

「ああ。本気で再建するつもりなら、こっちの本気を見せるしかない。社員と同じ立場で泥まみれになるしかないと思ってな」

「退路を断つ……か？」

「ハハ、内実はそんなカッコイイもんじゃない。いろいろ悩んだ。女房も反対したし」

「そりゃそうだろ。しかし、何もそこまでしなくても……」

「お前、神津のブランドって知ってるか？」

「ああ、確か……『ピアーズ』とか『フランクリン』とか、学生時代によく着た」

「好きだったんだ、昔からずっと。いわば青春の象徴だな。あのブランドが忘れ去られていくのはさびしかった。俺の手でなんとかしたい……ま、愛情だな、ハハ……」

小山田は何も言えなかった。打ちのめされていた。


工場長の重松の辞意は意外なほど固かった。

最初の会議での高圧的な態度といい、新機種発売までの工場幹部をまったく無視したやり方といい、小山田に対する不信感は極限まで高じていた。小山田の不在中に辞表を提出したのも、そうしたやり方への精一杯の抗議だったのかもしれない。

万策尽きた小山田は、つまらない提案をした。

「じゃあ、退職記念と言ったらなんですが、最後に温泉でも一緒にどうです」

重松のかたくなな表情が、その一瞬、緩んだのが忘れられない。

我ながらバカな提案だと恥じたが、きっかけはこの間の神楽坂の夜、酔った飯島が別れ際に笑いながら言った一言だった。

「奇策なんかないさ。裃《かみしも》脱いで、裸になってトコトン話し合ってみることさ」

古い湯治場の雰囲気を残す温泉街には、さわやかな初夏の風が吹き抜けていた。その風で火照《ほて》った体を冷ましながら、小山田と重松は、新緑に囲まれた露天風呂でもう三〇分以上も出たり入ったりを繰り返していた。

小山田は重松を前に、心から非礼を詫び、自分の未熟さ、身勝手さを認めた。自分でも驚くほど素直に、そんな言葉が出てきた。

同時に、親友の飯島の生き方に大きな衝撃を受けたことも、正直に話した。

「頭をガツーンと殴られたようでした。私はそこまで本気で携帯電話事業部を立て直そうとしたことがあったのかと思ったとき、本当に恥ずかしくて、人間として情けなくて……結局、自分の立場しか頭になかったんですね」

「小山田さん、そこまで言われんでも……」

「いや、本当なんです。あれ以来、本当に自分が小さなつまらない人間に思えて、自己嫌悪なんです。五〇にもなる男がお恥ずかしい限りです」

「私も……」

「え？」

「私も……その人に負けんぐらい、自分のところの製品には愛情を持っとります！」

「も、もちろんです。わかっています、それは本当によくわかっています」

「小山田さんも、持ってください。愛情を……お願いします」

＊　＊　＊

来年の「新機種」商戦に向けて、長野工場は早くも動き出していた。

山根の嬉しそうな報告を聞くまでもなく、重松の復帰以来、工場の雰囲気がガラリと変わってきたのを小山田も感じていた。改めて彼の存在の大きさを思う。

小山田はできる限り長野に腰を落ち着け、仕事の合間をぬって、毎日、四〜五人ずつ個人面談を始めた。嘱託や契約も含めると、従業員は八〇〇人以上だから、いつまでかかるかわからないが、やりきろうと決心したのだ。

新機種開発にあたっても、小山田は方針を一八〇度転換した。宣伝の一部を除いては、外部スタッフをすべて排し、自前のスタッフで「ブランド再生委員会」を新たに設け、デザイナーも会議のたびに東京から呼んだ。

予算不足という理由もあったが、小山田は自力での再生にかけたのだった。

新しく社内に設置した「アイデア箱」に、ひと月に九〇枚以上もの投書があったのには、さすがの重松も驚いたようだ。何かが確実に変わろうとしていた。

そんななか……。

自前スタッフの「ブランド再生委員会」が選んだ「新機種」候補は意外なものだった。アイデア箱の投書からヒントを得たもので、従来の携帯電話を「通話」と「メール」を中心とする最小限の機能に絞り込んだ、まったく新しい「マイナス発想」の機種だった。

社員の一人が、自分の祖母が携帯電話を使いたがらないのは、煩雑でややこしいという理由があったため、お年寄りに使いやすいシンプルな機種を……と提案したのだった。

機能やコンテンツが際限なく増えていく時代に、まさに逆行とも言える発想だったが、小山田はそこには必ずニーズがあるはずと、ゴー・サインを出した。

お年寄りに役立つボイス機能やGPSを加え、本格的な開発に臨むことになった。

その新機種の生産が始まりかけた頃……。

「た、大変です！　今朝の新聞にこんな記事が……」

本社との連絡電話を終えた小山田の前に、山根が飛び込んできた。

「芝原電産、携帯電話事業の売却を検討。相手は韓国ピーシーエル」

経済紙の一面を飾ったその衝撃的な記事に、小山田は目をむいた。以前から何度となく携帯電話事業の売却の噂はあったが、ここまで具体的なものはなかった。

すぐに重松が駆けつけてきたことを見ても、社内の動揺は推して知るべしだった。

「小山田さん、本当なんですか！　社員たちもちょっと動揺していて……」

「大丈夫です。あくまでも僕の判断ですが、いまは売却話がまとまるような状況ではないはずです。とりあえず東京に飛んで確認しますが……」

そう言いながら、小山田はすぐに背広を手に玄関に走った。

見送りに出た重松の日に焼けた顔が、なぜか青白く見えたのは気のせいだったのか……。

「重松さん、何があっても私はここに残りますから。大丈夫ですよ。信じてください」

重松は一瞬、驚いたような表情になり、慌てて頭を下げた。

なぜ、そんなことを口にしたのか……小山田は自分で自分の気持ちをはかりかねたが、車で駅に向かううち、胸のつかえがウソのように晴れてくるのを感じていた。

ようやくここで戦うことの踏ん切りが、一瞬にしてついた「爽快感」とでも言うのか。飯島のようにはカッコよくいかないが、少なくともジタバタせず、男らしくここに踏みとどまって結果を出す……いまはそれしかないと自分に言い聞かせた。

車窓の彼方に流れるアルプスの峰が、陽に映えて美しく輝いていた。

問3 小山田さんは結局どのように変わったのでしょうか。

第2章の要点

リーダーの仕事の第二ステップは、目標実現に向けてのアクション・プラン（計画）を、関係者を巻き込みながら具体化していくことです。

そのためのカギは、「現実直視に基づく判断軸の明確化」、「個の納得と巻き込み」、そして「実行計画の明確化と不測の事態への備え」です。

重要なシーン

本ケースで注目いただきたいのは、以下のシーンです。

プロセスで見るリーダー行動（リーダー・ウェイ）

①
目標・ゴールを明確に打ち出し、関係者を巻き込む

②
関係者を巻き込み、実行計画を具体化する

③
粘り強く実行し、成果を出す

④
人材を育成し、組織文化を創る

①現場との意思疎通を無視した進め方

第一の注目シーンは、七二ページの小山田さんの仕事の進め方です。自分はほとんど現場に下りることなく、東京でどんどん自分勝手に仕事を進めてしまいました。その背景には、現場に対する無理解と不信がありました。

近年、企業再生の話題がよく取り上げられますが、再生に限らず、ビジネスを成功させる力ギは、実行を担う現場の可能性を信じながら、彼らのやる気と能力を最大限に引き上げることです。小山田さんのアプローチは、これとはまったく逆と言えるでしょう。

②旧友に触発されて変化

第二は、旧友である飯島さんとの会話をきっかけにした小山田さんの変化です。胸襟《きょうきん》を開き、携帯電話事業にコミットする姿勢を示したことで、人々の心をとらえ始めました。それまでの自己中心的な態度を捨て、より大きな使命感を抱いたとも言えるでしょう。

現場は、こうしたリーダーの姿勢を、リーダーが思う以上に敏感に感じ取るものです。

重要な行動要件

実行計画の具現化に関して重要な行動要件を整理しておきましょう。そのうえで、先のケースの重要シーンについて振り返っていくことにします。

①現実直視に基づく判断軸の明確化

市場の変化スピードが速く、多様化している時代には、最前線の社員が裁量権を持って自律的に正しく判断し、必要なアクションを正しく実践することが不可欠です。言い換えれば、メンバーに任せ、彼らの可能性を引き出す経営、つまり、個々人の意欲と能力を最大限に活かす経営が求められています。

その際のカギは、さまざまな意思決定の前提となる「判断軸」がしっかり定まっていることです。ビジネスは、往々にして予定通りにいきません。イレギュラーな出来事や前提の変化があるのがむしろ当たり前です。揺れ動く環境下に判断基準を明確にし、それを組織内で共有しないと、結果として部下の行動を見ていても、以下のような思いに悩まされることになります。事実、こうした感覚を持っているリーダーは多いのではないでしょうか。

・なぜ、あの件から先にやらないのだろう？
・どうして、いまそのことにこんなに時間を費やしているのか？
・状況が変わったのだから、さすがに同じやり方じゃマズイとなぜ思わないのか？
・なぜ、あの場面で相談なく進めてしまったのだろう？

では、こうした誤解や認識のズレはなぜ生じるのでしょうか。リーダーとフォロアーのそれぞれに原因はあるのでしょうが、ここではリーダー側の問題に絞って考えます。

■リーダーが発信すべき所信を言葉にできていない

リーダーはまず、所信（進むべき方向と原則となる考え方の機軸）を打ち出すことを最大の役割と心得る必要があります。しかし、思いや感覚を言語化し、形式知として文章に落とし込むプロセスは、相応のエネルギーと時間が必要になるので、ついつい後回しになってしまいがちです。その結果、自分の頭の中にあるイメージのままでとどまってしまい、部下に判断基準が伝わらないのです。これはリーダーの不作為であり、怠慢と言わざるを得ないでしょう。

日本社会の特性も無視できません。「阿吽《あうん》の呼吸」「以心伝心」ということが、これまで美徳とされてきました。しかし、外部環境のダイナミックな変化や社員の多様性が増すなかで、こうしたやり方はすでに通用しなくなってきています。リーダーはまず、自らの判断基準を考えて、言葉にして、きちんと説明することが求められるのです。

■リーダーが本来明確にすべきことから逃げて曖昧にしている

ビジネスは、そもそもクロス・ファンクショナルな協働作業です。立場が異なる人々がそれぞれ利害を調整しながら事にあたっています。ここにリーダーの役割についての自覚すべきポイントがあります。

しばしばリーダーがやってしまうのが、利害対立の安易な回避です。異なる立場の利害対立をその場しのぎで調整しようとすると、「足して二で割る」といった考え方に流れてしまいがちです。しかし、それが組織全体のあるべき判断軸かと言えば、必ずしもそうではありません。状況によっては、特定の関係者に嫌われるような、厳しいことを伝えなければならない場面も出てくるでしょう。

リーダーは、その精神的負担から逃げられないものだと私は思います。曖昧にごまかしたり、対立回避のために二枚舌を使ったりしていては、必ず組織は混乱に陥ります。役割から逃げない、明確な自覚を持ち続ける精神的なタフネス、気骨が、リーダーには求められるのです。

ところで、こうした判断軸は、ブレない強さが要求される反面、必要に応じて変われる柔軟さも求められます。要はバランスの問題なのです。現代のような変化の時代にあって、自らの判断基準が正しいかどうかの確信は、なかなか持ちにくいものです。では、何に留意すればよいでしょうか。

大事なことは、正面から見たくなくなるような厳しい現実にも逃げずに向き合い、正確に事実を認識すること、顧客や現場の声に耳を澄ませ、何が現実かを徹底して知ろうとすること、そしてその事実をもとに徹底的に考え抜くことだと、私は思っています。決め手は、現実直視と深い思考から得られる「気骨」にほかならないのです。

本ケースの小山田さんについては、判断軸以前の問題として、現場のことを知ったり、現場の人々と意思疎通を図ったりしようという素振りすらありませんでした。これでは現場が活性化するはずもありません。

より悪いことに、小山田さんは、現場が活性化しないことを彼らのせいにしています。ユニ・チャームの創業者である高原慶一朗会長は、「原因自分論」を唱え、あらゆるトラブルの原因は他責ではなく自責と考えるべきと言いました。私も同感です。小山田さんは、社員の態度は実はリーダーである自分のやり方を映す鏡だということに気づいていないのです。

COLUMN

格言集

「リーダーの説明能力は、現場を知らなければ高まらない」――小倉昌男

「物事をできるだけ単純に考えることが、真の目的に到達する近道なのである」――小倉昌男[注1]

②納得感醸成による巻き込み

組織のコミットメントを高める最大のカギは、個々人の納得感の総和（Σ《シグマ》納得感）を最大化

することです。すでに第1章で、目標・ゴールを共有化することの意義については触れましたが、そのうえでさらに日々の計画立案・実行のプロセスで、彼らの納得感を高いレベルに保ち続ける必要があります。

そこでカギとなってくるのが濃密なコミュニケーションです。では、納得感を高めるためのコミュニケーションとはどのようなものでしょう。キヤノンの御手洗冨士夫会長はかつて、日本経済新聞紙上で、「経営のスピードとクオリティは、経営の意思がいかに深く、広く、正確に伝わるかで決まる」といったコメントを出していました。注2

私もまったく同感です。以来、私自身、事業部門の運営に際して、この一節をいつも意識するように心がけています（まだまだ至らないことのほうが多く、未熟ではあるのですが）。

具体的に意識しているのは、組織を集団というくくり、あるいは塊でとらえるのではなく、できるだけ構成要素である「個」に照準を当てて認識するという点です。そのうえで一人ひとりが納得感を持てるよう、彼らの心に「深く」刻み込むように伝えることを意識しています。

それに加えて、多くのメンバーそれぞれが、自分の問題としてとらえることができるように、「広く」たくさんの人々に染みわたるように伝える努力をし、さらに、表面的な理解にとどまらないよう、誤解なく「正確に」伝えることを意識しています。

「深さ」×「広さ」×「正確さ」を最大化するには、どれか一つが欠けても駄目です。すべてを意識しながら実行することが、リーダーの役割なのです。以下、順に見ていきましょう。

■深く伝える

深さとは、結局は受け手一人ひとりの腹落ちの度合いです。そしてそれが好ましい最終成果が出る確率を左右します。では、受け手の意識に深く入り込むために、リーダーは何をすればよいのでしょうか。

フェイス・トゥ・フェイスの説明と、繰り返し伝えるということが頭に浮かんだ読者も多いでしょう。確かに、時間という貴重な資源を投入し、自分の意図を伝えるべく、直接的に伝える頻度を高めることは効果的です。それだけでも立派な取り組みと言えるでしょう。

さらに気のきいたリーダーであれば、説明の質的な充実度合いにも配慮することでしょう。方針に関する背景情報や、複数の選択肢からその方針を選んだ理由、今後に対する展望やリスク要因、意思決定のプロセスや先の見通しなどについても、受け手と共有を図ろうと努力します。ここまでやれば上出来です。

しかし、これだけで強く持続力のある「やる気」を引き出し、実行への強い執着心を喚起させられるかと言えば、難しいのではないでしょうか。もう一段の「深さ」を追求したいところです。

そのためには、個々人の多様な労働観、モチベーションの源泉、どのように成長していきたいと願っているかなど、受け手を普段からしっかり理解しておくことが必要です。そのうえで、組織のビジョンや全体方針の重要なポイントを切り出して、受け手の関心と結びつけることが望まれます。

「労働観？　モチベーションの源泉？　そんなこと言われても、普段そんな会話はしないからな」と思われる方もいるでしょう。しかし、あまり大上段に構える必要性はありません。過去にやった仕事の中でどの仕事が楽しかったか、あるいはまたやりたいと思うかなど、ちょっとした機会をとらえて話し合うだけでも、大いに参考になるはずです。骨の折れる作業に感じられるでしょうが、個々の能力を最大限引き出すマネジメントとは、そもそも手間のかかる営みなのです。

■広く伝える

広く伝わらないと、何が不都合なのでしょうか。浸透の範囲が狭いということは、必要な情報を知っている人と知らない人が組織の中に混在する「まだら状態」だということです。経営方針や目標はもちろんのこと、実践方法に対する理解度にムラがある中途半端な状態では、顧客に対する対応にもバラツキが出ますし、組織間の連携もうまくいきません。「深さ」同様、「広さ」もきわめて重要な論点なのです。

では、広く伝えるために、リーダーが実践すべきことは何でしょうか。三つのプロセスに沿って考えてみましょう。

第一段階：コアメンバーと握る（コンセンサスをつくる）

最初の段階で大事なことは、伝えたい内容やコンセプトを、組織のコアとなるメンバーとしっかり議論し、共有しておくことです。組織の規模にもよりますが、リーダーにとって大事なディスカッション・パートナーや組織運営をともに考え実践する主要メンバーが、多かれ少なかれいるはずです。私の経験では、組織全体の五〜一五％が該当します。

まず、この層の人々と徹底して議論し、相互の人間理解を深め、基本的な考え方を共有しておくことが大事です。それが、組織の基盤になっていきます。彼らと強く「握る」ことができなければ、組織への浸透など不可能と言っても過言ではありません。広く伝えきるためには、多くの「語り部」が不可欠だからです。

第二段階：組織の中にブームを起こす

ここでは、伝えたいメッセージをシンプルに表現することが大事になります。思いと本質を明快に伝え、無駄を削ぎ落としたシンプルなメッセージを選び取ることで、意図がブレずに考え方を共有できます。また、単純明快な言葉は、受け手の記憶にも強く残ります。どんな言葉を使うかという言語選択のセンスが問われます。

これを非常にうまく実践している某メーカーの事例を紹介しましょう。組織内の方針徹底スピードがきわめて速く、考え方を浸透する力に秀でたこの会社では、メッセージやスローガンにどんな言葉を使うかを徹底的に吟味し、強いこだわりを持っています。

同社では、トップが発するメッセージにも「やり遂げる執念」「リーダーの持つべき気概」など、共有すべき考え方を率直かつ力強く表す言葉を使っています。あるいは、「ぶっちぎり」「ガチンコ」といった、ややカジュアルで荒っぽい印象はあるものの、インパクトのある表現を社内資料（公式文書）などにもあえて用いることで、受け手の間で合言葉や流行語、ブームを起こすことを狙っているようです。「言霊《ことだま》」という考え方がありますが、言葉へのこだわりこそが、浸透には欠かせないのです。スマートな横文字や流行のカタカナ言葉を選んだところで、込めた思いが浸透しなければ意味がありません。

さて、こうした「力強く、わかりやすいメッセージ」を組織に向けて発し続けていると、これをしっかりと受け止め、自分なりに咀嚼《そしゃく》し、リーダーが期待する行動をとり始める人材が一定比率で必ず出てくるものです。彼らは、いつしかこのメッセージを、下達で与えられた言葉としてではなく、自らの日常語として使い始めます。どんな企業でも、組織の階層ごとに三〜四人に一人くらいの割合で、こうした勘のよい早期適合者（アーリー・アダプター）がいるはずです。ブームを起こすためには、彼らを意識しながら、彼らに訴求し、動かしたいものです。

一方で、ブームを起こすには、組織全体にモメンタム（勢い）が必要です。メッセージを伝えるミーティングやロードショーを大々的に開催したり、ポスターやチラシなどキャンペーン活動を展開するなど、雰囲気を意図的につくっていく工夫も必要でしょう。こうしたことを積み重ねながら、組織全体の半分近くまで浸透することが第二段階の目標となります。

第三段階：組織の常識、習慣にする

第二段階からさらに広げ、組織の七〜八割にまで浸透させていくには相当のエネルギーを要

します。先に、言葉を選んで明快なメッセージにする必要があると言いましたが、シンプルにしたぶん、抽象度は高くなります。組織の大部分に考え方を広げるためには、こうした行間を埋め、より具体的な内容や意図、ニュアンスを伝えなくてはなりません。我が事として腹落ちしないと、組織の多くのメンバーのアクションにはつながらないからです。

では「行間を埋める」ためにはどうすればいいのでしょうか。私は、「人による語り」が最も有効だと考えています。語り部としてのコアメンバーの出番です。しかし、彼らがどれだけ頑張っても、伝えられる数にはやはり限度があります。必然的に、早期適合者を早く「語り部」に育成していくことがカギとなってきます。

最近、多くの企業が、WAY、DNA、イズムなど、自社で重視する価値観を浸透させることに注力しています。そうした方々とお話しする機会も多いのですが、決め手としてやはり「語り部の育成」を重要な施策ととらえている企業がかなりの数に上ります。

ここまでは、メッセージが伝わるプロセスに沿って説明してきました。伝える広さを追求するうえでのポイントを、もう一つ別の観点から指摘しておきましょう。それは、情報の受け手のリテラシーや知識量を高めることです。人間の理解力は、その情報を正しく理解するための、基礎となる知識を有しているか否かに左右されます。情報を伝える側の語り部の育成とセットで、情報を受ける側の理解力も鍛えることが必要です。

リテラシーや知識量を高める方法の一つに、読書会があります。これは、ある書籍を参加者全員に読んできてもらい、そこに書かれていることを皆で議論し共有するものです。ここでは、知識もさることながら、価値観や「勘所」の共有に力を入れることで、組織のスキルアップに加え、あるテーマに関する意識レベル・感度の向上や志向性の一致を図れます。

ちなみに私たちの組織では、ジェームズ・C・コリンズ著『ビジョナリーカンパニー2 飛躍の法則』（日経BP社）、アンドリュー・S・グローヴ著『インテル経営の秘密』（早川書房）、D・カーネギー著『人を動かす』（創元社）などを指定図書として、定期的に読書会を開催しています。

■正確に伝える

正確さとは、知恵と知識、技能の理解共有度です。とりわけ、「KNOW-WHY」つまり「背景、理由、必要性についての理解＝結局、どうしてそう考えたかの判断軸」と、「KNOW-HOW」つまり「いかにして実践するか、やり方の理解共有度」にポイントがあると、私はとらえています。

さて、しばしば「コミュニケーションの成立は受け手が決める」と言われますが、情報の出し手が、いくら丁寧に時間をかけ、適切に情報を伝えたつもりでも、それで意思疎通が成立するとは限りません。正確に伝えるうえで大事なのが、「受信状態の確認」です。以下の行動を日常的に意識することが求められます。

・大事な話をするときに、相手の表情や態度を注意深く観察し、どこまで理解しているのか、どの程度共感を持って聞いているのかを意識しながら伝える
・質問などで相手の思考を促し、理解を深めさせるなど、適切な刺激を十分に与える
・本人の解釈を自らの言葉で発言させ、記憶の定着を促す。また、そうした機会を積極的につくる
・前提をずらした質問を投げかけ、相手の応用力、原則への理解度をつかむ

これらはどれも手間のかかる行為です。しかし、こうした双方向の応酬を経て初めて、リーダーの想定する判断基準が相手に正しく伝わるのです。

なお、受け手の受信状態を確認しない、あるいはできない要因として、伝えることに一生懸命になりすぎている、というケースもしばしば見られます。私自身も時折やってしまい、自己嫌悪に陥るのですが、自分なりに考えた所信ができ上がると、言いたい気持ちが先行しすぎてしまうのです。

こうなると、相手にも発言を促してはいるのですが、実際には半ば聞く耳を失ってしまいます。考えさせているつもりが、結局は「指示」になっていることもあります。受け手への配慮の感覚が麻痺した自分に時折気づいて、ハッとするケースは少なくありません。受け手を常に意識した意思疎通は、実に難しいものだと日々実感しています。

さて、本ケースでは、小山田さんは当初「深く」「広く」「正しく」のすべてにおいて、納得感を生み出すコミュニケーション水準に達せず、必然的にメンバーの巻き込みに失敗しました。特に、「広く」コミュニケーションすることへの配慮不足から、キーパーソンである重松さんの巻き込みに失敗したことが、組織の生産性を大きく下げる要因となってしまったのです。

なぜ彼はできなかったのでしょうか。その原因を掘り下げていくと、彼のコミットメントの弱さに行き着きます。コミットメントのない人間のコミュニケーションは、仮にもっともらしい言葉で上っ面を飾ったところで相手に響きません。ビジネスにおけるコミュニケーションは、相手の行動を喚起することで初めて成立したと言えます。相手の状況をしっかり認識したうえで、相手にどのように動いてほしいかをイメージし、そこから逆算していかに「深く」「広く」「正しく」伝えるかを徹底的に考え抜くことが本来必要でした。

そしてさらにそのコミットメント不足の理由を掘り下げていくと、彼の私心に行き着きます。他人を機能や歯車としてしかとらえておらず、一人の人間として見ることを妨げているのです。リーダーが本当に人を動かすには、こうした私心を超え、より高い使命感や倫理観を持つことが必要です。この点については、第5章で再度触れます。

COLUMN

格言集

「説得はあなたのためのものではない。相手のためのものである」——髙嶌幸広[注3]

③実行プロセスの明確化とリスク対応

実行プロセスを周知徹底させることが重要なのは言うまでもありませんが、現実のビジネスシーンにおいては、そうしたプロセスが予定通り進むとは限りません。スケジュールが遅れて進捗が滞ってしまったり、トラブルが起こったりすることは、第1章でも書きましたがむしろ当たり前と言えるでしょう。

こうした不測の事態に備えることも、リーダーの大きな役割です。あらかじめ想定されるリスクをしっかり洗い出し、二の矢三の矢を準備しておくことが重要です。

その際、リーダーが一人で考えるのではなく、想定されるリスクと対応策をコアメンバーと共有しておくことが重要です。そうすれば、いざ何かあったときにも動揺せずにすむだけでなく、組織として速やかなアクションに移れるからです。

なお、実際に不測の事態が起こったときには、以下のような気構えが必要となります。

・大きな不測事態が起きた際には、自ら現場に乗り込み、逃げずにその場で問題解決する実行力と覚悟を持つ
・速やかに事実を正確に把握し、必要なアクションをとって事態を収拾させる

・処置（緊急対応）にとどまらず、必要に応じて対策（再発防止など）を検討し実行する
・リーダー自身で判断できる範囲と、上司に判断を仰ぐべき事態の線引きを意識しておく

リーダーとして一皮むけるための気構え

本ケースでは、結局、小山田さんはリーダーとしてどこが一皮むけたのでしょうか。

小山田さんの「私はそこまで本気で携帯電話事業部を立て直そうとしたことがあったのかと思ったとき、本当に恥ずかしくて、人間として情けなくて……結局、自分の立場しか頭になかったんですね」あるいは「本当に自分が小さなつまらない人間に思えて」という言葉にすべてが表れています。

人々を巻き込んで事をなす際に本当に大事なのは、小手先の戦略や戦術ではありません。私心を捨て、高い使命感や倫理観を持ちながら、自分自身を駆り立てる強い意思と気力が必要なのです。よく、「不退転の決意」という言葉を決まり文句のように簡単に言う人がいますが、

本当の意味で腹を括っていなければ、スタッフに本気は決して伝わりません。なぜなら、自分の内面を反映するちょっとした言動や態度のすべてを相手は敏感にとらえるからです。リーダーに求められる要件、私心のなさや志の高さについては、第5章で触れます。

なお、私はさまざまな組織で、コミュニケーションに関するリーダーたちの失敗を見てきました。以下に、「勘違いしているリーダー」の典型的なパターンを紹介します。

・自分の言いたいことだけを言って、「あとはヨロシク」と役割を果たしたつもりになる
・一度か二度言っただけなのに、「何度言ってもわかってくれない」と嘆く
・「いや～最近バタバタしちゃって、話す時間すらとれなくてごめんね」など、いつも言い訳ばかりしている
・「若い連中には結局どう言っても伝わらないものよ」と勝手に決めつける
・「知りたきゃ、聞きに来るのが筋でしょう」と筋違いの開き直りと役割放棄をしてしまう

いささか誇張した面もありますが、こうしたことを無自覚にやってしまうことは案外と多いものです。かく言う私もそうですが、他山の石として心に留めておきたいものです。

さて、第2章で関連する理論について簡単に紹介しておきましょう。

再生のマネジメント

近年、いわゆる企業再生、事業再生が非常に注目を集めています。プライベート・エクイティ（PE）、投資ファンドから派遣されて再生を請け負う「企業再生人」も注目を浴びています。では、こうした再生は通常のマネジメントと何が異なるのでしょうか。

第一の特徴は、時間軸です。通常のマネジメントでは、比較的長い時間的余裕があるのに対し、再生の場合、許された時間は通常あまり多くありません。投資ファンドが扱う再生案件などでは、たとえば二年で累損を一掃し、五年で企業価値を○○億円に高めるなど、かなり高いハードルが課せられるのが一般的です。そのため、資産や費用を圧縮しながら、同時に売上も上げるという、いわば「ブレーキとアクセルを同時に踏む」という難しい舵取りが必要とされます（なお、再生ファンドによっては、資産の切り貼りと費用削減という縮小均衡の方向にのみ取り組むところもありますが、ここではそれは除いて考えます）。

第二の特徴は、経営資源の不足です。再生は、いわゆるリストラを伴うことが少なくありません。ヒト、モノ、情報などの経営資源が絞り込まれていくなかで、高いパフォーマンスを残さなければなりません。

こうした条件下で結果を求められるということは、必然的に、通常の何倍も厳しいマネジメントが求められることになります。では、そのために何を意識すべきでしょうか。

■事業を絞り込む

まず、アクセルとブレーキを同時に踏み込めるよう、ある程度、大胆に事業をスリム化する必要があります。多くの再生の現場では、往々にして、切るべき事業を切れないなどの無駄があります。まずはここに手をつけることになります。

しかし、事業のスリム化は、ほとんどの場合、人員の合理化という名のリストラを伴います。誰を切るのか、どのように切るのか――さまざまな関係者は固唾をのんで見守っています。ここを間違えると、リストラされた人間は当然不満を持ちますし、残った人間もモチベーションが上がりません。リストラされる人間、残る人間の双方が、あるレベル以上の納得感を得られることが不可欠です。そのカギは、ここでもコミュニケーションにあります。

こうしたケースにおいて、人は合理的説明だけでは動きません。人間の感情や心理を深く理解したうえで、コミュニケーションにエネルギーを費やす必要があります。

グロービス経営大学院客員教授で元・産業再生機構代表取締役専務の冨山和彦氏は、「合理と情理」のバランスが再生のマネジメントにおいてきわめて重要であると指摘しています。

また、EQの提唱者でもあるダニエル・ゴールマンは、著書『EQリーダーシップ』の中で以下のような事例を紹介しています。注4

――BBCの報道部門閉鎖

翌日、別の役員が同じスタッフを訪ね、前日の役員とはまったく違う態度で話をした。この役員は、ジャーナリズムが活気あふれる社会を作るために重要な役割をはたしていること、皆が使命感に燃えてこの仕事に飛びこんできたことを、心をこめて語りかけた。そして、ジャーナリズムの世界に飛びこむ者に金目当ての人間はいない、と指摘した。ジャーナリズムは金銭面では報われない職種だ、ジャーナリストの雇用はいつも経済の波に翻弄されてきた、ジャーナリストとして仕事にかけてきた情熱や献身を忘れないでほしい、と語りかけた。そして最後に、今後のみなさんの健闘を祈る、と締めくくった。
この役員のスピーチが終わったとき、スタッフのあいだから拍手と歓声が上がった。
(ダニエル・ゴールマンほか著『EQリーダーシップ』日本経済新聞出版社、P16)

■原因を正しく見極める

再生案件は、時間との勝負です。あらゆる問題解決手段を手当たりしだいに試しているようでは、時間も資源も足りなくなってしまいますし、効率的ではありません。

事業が停滞している根源的な原因について、仮説検証をスピーディに進めながら、早い段階で原因を突き止め、意識やリソースを集中する必要があります。

■インサイダーとなる

再生案件では、リーダーをはじめとする経営チームが、本気を示して「インサイダー」になると同時に、社員をモチベートし続ける必要があります。インサイダーになるとは、まさに同じ船に乗る覚悟を決めることです。同じ痛みや喜びをシェアできない人間のために働こうとする人間は少ないからです。

そのためには、まず現場の人間とのコミュニケーションの質量を向上させる必要があります。自分の考え方を説明するだけではなく、彼らの考えを丁寧に聞くことも重要です。

また、彼らからの信頼、信用を得るために、早い段階で何かしらの結果を出すことも効果的です。たとえば、パレート分析（二割の上位顧客が八割の売上高をもたらすといった法則）を用いた問題顧客の洗い出しや不採算製品の洗い出しなどは、誰の目にもわかりやすい取り組みと言えましょう。

あるいは、顧客ヒアリングによって、これまで見えなかった（見ようとしなかった）問題を指摘し、即効性のある対応をとる場合もあります。再生ビジネスではこれを「Low Hanging Fruits」（すぐ手にできる果実・成果）という言い方をします。

結果を出しやすい領域でしっかり結果を出すことで、「彼／彼女はわかっているようだ」と現場の人間の信頼、信用を獲得し、インサイダーとなっていくのです。

自信を持たせる

最も重要なのは、従業員のスキルとやる気を高めることです。特にやる気は重要です。コミュニケーションだけでやる気は高まりませんので、まずはしっかり結果を出してもらうように支援することです。最初はどんな小さな成功でもかまいません。スモール・サクセスを積んでいくうちに、自信が増し、スキルも伴ってくるものです。

このとき、成功を狭いコミュニティの中だけでなく、大きな範囲で共有しておくと、組織全体の学びや自信向上にもつながるので効果的です。一過性で単発の取り組みではなく、組織全体のムーブメントや運動論につなげていくとよいでしょう。

非言語コミュニケーション

コミュニケーション、すなわち意志の伝達と理解において、言語化と同様、非言語コミュニケーションも重要です。たとえば、しぐさ、顔の表情、物理的距離などは、それ自体が意味を持つわけではありません。しかし、身体言語は言語コミュニケーションを補足し、豊かな意味を与えます。たとえば、ある会議の逐語的な議事録を読んでも、実際そこに出席したときほどのインパクトは得られないものです。

コミュニケーションにおいて、時に言語化したことと、非言語的なシグナルが矛盾してしまうことがあります。口では「急がない」と言っても、腕時計をチラチラ見たら相手は焦ってしまうでしょう。態度は、言語より往々にして雄弁なものです。リーダーとしては、こうした非言語コミュニケーションに関する自分の癖を知るとともに、うまく活用したいものです。

リーダーはまた、自分のあらゆる行動がメンバーに対してメッセージを発しているということも意識する必要があります。たとえば、会議においてずっと黙っていることも、ある種のメッセージを発していることにほかなりません。

もし、あるメンバーの不適切な言動に対し、リーダーが注意することを皆が期待している場面で何も言わなかったとしたら、「この程度の言動は許容される」というメッセージを発していると解釈されても仕方ありません。リーダーは、常に見られている存在なのです。

第3章

結果へのこだわり

信念と傲慢の分水嶺

粘り強く実行し、成果を出す

1
Story

会社
(株)ドリーム飲料

清涼飲料の製造・販売
全国70カ所に事業拠点を置き、ジュース・お茶・缶コーヒーを中心とした飲料の製造販売を行う。
資本金　450億円
社員　3700人
大証一部上場

主人公
池永 雅人(45)

妻と息子２人。入社以来、営業企画部、商品開発部、広報部、社長室など、本社の中枢を歩み、大阪支店時代はルートセールスを中心に現場の営業体験も。その豊かな経験と抜群のバランス感覚に社長の信頼も厚く、新しく設けられたＣＳＲ推進室の室長に直々に抜擢される。その実行力や部下の統率力では定評がある反面、自信家でワンマンな部分もある。しかし、「ドリーム」のブランドには誰よりも誇りを持ち、人一倍、帰属意識や愛社精神も強い。

背景

熾烈なシェア争いが続く清涼飲料業界。45年の歴史を誇るドリーム飲料は、もともと「低温抽出」という技術を武器に「茶業」専業メーカーとしてスタートしたが、前社長の拡大路線のもとで次々と商品カテゴリーを増やし、総合飲料メーカーとなった。５年前、関西のお笑いタレントを起用した缶コーヒー「カルフォルニア」のシリーズＣＭが大ヒット。一気に業界３位の座に躍り出るまでになった。従来、関西系企業特有の強力な営業部隊がウリだったが、３年前に現在の社長に代わってからは、企業イメージ重視の経営戦略に大きく転換した。コンプライアンスやコーポレート・ガバナンスに力を入れ、社会貢献活動に多額の予算を割くようになった。「新しい企業価値の創造」が口癖の社長はＣＳＲ推進室を新設し、子飼いの部下である池永をトップに据えて社内の「意識改革」に乗り出したが……。

権限委譲のワナ……池永室長、愕然

計画は完璧だった。

プリントアウトした三〇ページからなる分厚い企画書に、改めて目を通し終えると、池永雅人は大きく伸びをしながら、窓の外に広がる堀端の新緑を見やった。

三カ月間、部下と徹底したブレーン・ストーミングを重ねながら仕上げた企画書だった。何度も何度も議論を重ね、でき上がった企画書をさらに叩いて、叩いて、最後の仕上げは自分でやる……それが最近の池永のやり方だった。

特に、今回のイベント企画はCSR（企業の社会的責任）推進室の存在感を示す絶好のチャンスだけに、社長と綿密な連絡を取りながら仕上げた。したがって、最後のチェックも、いつになく念入りとなり、結局、久しぶりに徹夜するハメになった。

皇居を臨む堀端の瀟洒なビルの一角にあるCSR推進室は、総勢一七名。

本社ビルが手狭なため、推進室の新設以来、歩いて五分ほどのこのビルに間借りしているが、それがＣＳＲ推進室の現時点での「社内的位置」を如実に表している。

相次ぐ企業不祥事に、最近でこそコンプライアンスや社会貢献の大切さが認識されるようになってきたが、営業の最前線で熾烈な戦いをしている社員たちには「コンプラやＣＳＲでは飯は食えん」という意識が強い。ＣＳＲ推進室への視線は依然として冷ややかだ。

それだけに、今回のイベントはＣＳＲ推進室にとって……と言うより、池永自身にとって、社内に自分の存在感を示すための大きな試金石だった。


「えー、室長、ひょっとして徹夜ですか！」

朝一番に出社してきたＩＲ担当の堀田文夫が、呆れたような声をあげた。

仲間からは「マイホーム亭主」などと揶揄《やゆ》されているくせに、なぜか出社は誰よりも早い。

「お疲れさまです。例の議論が、ついに企画書になったのですね」

「俺はちょっとサウナで仮眠するから、午前中は外出ってことにしておいてくれ」

「わかりました」

「それから、福本君か安部君が出社してきたら、この企画書をコピーして社長室に届けるように言ってくれ。午後から俺が直接説明する予定だから」

「了解しました。いよいよですね、室長！」

「プランづくりも議論も大変だったが、これからの実行こそが本番だ。わかっているのか、お前？」

計画は完璧だが、不安なのはそれを実行する社員の能力だった。


一晩、企画書と格闘したトランス状態のせいか、仮眠するつもりで入ったサウナだったが池永は頭が冴えてほとんど眠れぬまま、午後になって社長室のドアを叩いた。

「読ませてもらったよ。なかなか面白いじゃないか」

「そうですか、ありがとうございます」

「この企画書通りに実行できたら、マスコミの注目も浴びるし、我が社のイメージも大きく変わる。もちろん企画書通りに実行できたらだが……」

「社長、それは任せてください！　歴史に残るイベントにしてみせます」

「予算の見積もりは二億だったな」

「ハ、ハイ。あくまでも概算ですが……多すぎましたか？」

「金はもっとかかってもいい。画期的なイベントにしてくれ！」

「わかりました！　頑張ります！」

常に沈着冷静であると思っていた自分が、そんな高校球児のような青臭い返事をしたことに、いささか恥ずかしい思いをしながら、池永は一礼して社長室を後にした。


池永の「計画」とはこうだった。

ドリーム飲料は企業イメージアップのために、これまでスポーツや音楽、文化活動を中心に、さまざまなビッグイベントのスポンサーをつとめてきたが、それはあくまでも営業促進部が主導だ。ＣＳＲを主体としたイベントは、シンポジウムの開催や環境リポートの作成など地味なものがほとんどで、人目を惹くものといえば、年に一度、五大紙に一面で意見広告を出すぐらいがせいぜいだった。

ＣＳＲで企業イメージを変えるようなビッグイベントはないか？

ＣＳＲ推進室の発足に合わせて、社長から相談を受けた池永が、ブレストの中でひらめいたのが、社会的関心の高い「バリアフリー」のキャンペーン・イベントだった。

「人にやさしい街——バリアフリーへの夢」と題したそのイベントは、国立競技場を貸りきっての「車椅子耐久マラソン」がメインで、一般募集の車椅子生活者五〇〇人が、現役のマラソンランナーたちと、神宮外苑の指定コースを一日愉しく走るというものだった。

競技場のスタンドは無料開放とし、会場では全国の郷土芸能の披露や応援合戦、ドリーム飲料のジュースやお茶の無料配布、子供向けのクイズ大会などが催される。

イベントのイメージキャラクターは昨年、人気ドラマ「車イスの恋」でブレイクした女優の河原崎美穂。彼女を目当てに、サイン会や撮影会には、多くの若者たちがつめかけることが見込まれ、それに合わせて新しいスポーツ機能性飲料の発売キャンペーンも盛り込んだ。

営業や広報も巻き込んだ、いままでにない画期的イベントだった。


「室長、明日、NPOへの挨拶回りに行ってきますが……」

「おお。確か東京バリアフリーネットワークだったな。何か問題でもあるのか？」

「いや……お時間に余裕があれば、最初の顔合わせだけでも室長に同席願えないかと」

「俺が？　オイオイ、そんな時間あるわけないだろ、急に言われても」

「……ですよね」

NPO関係の交渉役を任せている滝口修二（三〇）だった。普段は、シンポジウムの企画を担当しているが、若いのにモノに動じない茫洋《ぼうよう》としたところがあり、結構ハードと思われる交渉をあっさりまとめてきたりする。それを買ってＮＰＯ担当に決めた。

独断先行型で、上司に頼ったり相談するタイプではないので、池永は意外だった。

「その東京バリアフリーネットワークの代表をしている熊井圭吾ってのが、理想主義のやっかいな人物らしくて、業界では『バリフリの熊』って有名らしいんですよ」

「なんだそりゃ……だから、問題は何なんだ？」

「お年寄りですから、スジ論にこだわるらしくて、交渉に関しては責任者に直接話を聞きたいって言っているらしいんです。企画書にもいろいろ難くせをつけてるみたいで……」

「要するに偏屈者のガンコオヤジってことか。あのな、俺はそんなのに関わっているヒマはないんだよ。ＮＰＯに関しては責任者は滝口だ、そう言って堂々と交渉しろ！」

池永は滝口をあっさり突き放した。ＮＰＯに関しては、もともと池永はさほど重要視していなかった。

最近はＣＳＲや社会貢献に関するイベントでは、企業がＮＰＯの協力を仰ぐケースが増えてきたが、それは双方にメリットがあるためで、基本的にはビジネスだった。

ビジネスである以上、決定的なトラブルや対立などない……池永はそう考えていた。

問1 滝口君への指示の出し方に問題はなかったでしょうか。

完璧だったはずの「計画」に、想定外の事態が起こり始めた。

最初は皮肉なことに社内、それも連動するはずの営業からだった。

イベントに合わせて販売キャンペーンを行う予定だった新商品のスポーツ機能性飲料の発売を前倒ししたいというのである。理由は単純なことだった。

ライバルメーカーで業界トップのS社が、同じコンセプトの新しいスポーツ機能性飲料をドリームのイベントよりも早く発売することが判明したのだ。新製品の発売時期やキャンペーンの内容が、営業業績を大きく左右する業界にあって、一歩でも先んじたいと思う営業サイドの思惑はもちろん理解できる。

しかし、ＣＳＲ推進室にとっても、今回のイベントにはある意味、命運がかかっている。同期入社の営業促進部長・松木秀夫と向かい合っても、池永はまったく引く気はなかった。

「すまんな池永。事情は聞いてくれたと思うが……」

「聞いたが、新商品の発表はうちのＣＳＲイベントでも大きな目玉なんだ。いまさらそんなことを言われても、ハイ、そうですかというわけにはいかんね」

「オイオイ、最初からケンカ腰じゃ話し合いにならんだろ」

「ケンカを売っているのはそっちだろ。いいか、企画書の段階から下げたくもない頭を下げて了解を取ったんだ。約束は守ってもらわないとな」

「不測の事態なんだ。営業は生き物だからな」

「営業のエゴだね。ゴリ押しすればたいていのことは通ると思い込んでいる」

「そんなことはないさ。なあ、いいじゃないか、もともと営業目的のイベントじゃないんだから、そこまでこだわらなくても。協力しないって言ってるわけじゃないんだ」

「リアルタイムじゃないとインパクトがないんだ。イベントだって生き物だからな」

「弱ったな……張り切る気持ちはわかるが、ＣＳＲなんてそんなシビアなもんじゃないだろ。

柄にもないこと考えないで、もっと地味にやってくれよ」

「結局それがホンネか」

「頼むよ」

「そんな意識だから駄目なんだ。ただ売れればいいって時代は終わったんだよ」


話し合いは平行線……というより決裂だった。

もともと松木とは肌が合わなかったし、同期入社という関係によりかかった甘えも不快だったが、その底流にある営業特有の「傲慢《ごうまん》」に、改めて腹が立った。

松木のことだから、どうせ上から手を回してエゴを通そうとするだろうが、今回のイベントは社長決裁だけに、その手は通じないはずだった。


二週間近く経っても滝口からの報告はなかった。

報告がないのは交渉がうまくいっているからだと、普段は慎重なはずの池永が勝手に解釈して放置していたのも、やはりＮＰＯの存在そのものを軽視していたからかもしれない。

ところがイベント予算の中間チェックで、経理からＮＰＯへの賛助金に関しての問い合わせがあり、池永は滝口を呼んだ。思わぬ事態になっていた。


「参加拒否？　ど、どういうことだ」

「例の熊井のオヤジが完全にヘソを曲げてしまってまして……」

「だからなぜだ？」

「前にも言ったように、責任者が交渉に来ないことや、企画書の不満点などにこだわって最初から交渉は難航してたんですが、僕のちょっとした言葉に激怒されて……」

「何を言ったんだ？」

「たいしたことじゃないんです。あんまり建前やスジ論にこだわるので、僕もつい……」

「だから何を言ったんだ！」

「お互いビジネスなんだから、金を払うんだから協力してくれって……」

池永は思わず天井を見上げて、ため息をついた。

お前の交渉力はその程度か……部下の能力を過大評価していた自分の軽率さを悔いた。

すぐにその報告をしなかったのは、粘り強く交渉するつもりだったと滝口は弁解したが、上司に失点を知られ、能力不足と判断されるのが怖かったのだろう。

「いいか、この交渉の責任者はあくまでもお前だ。どうする？」

「できれば室長に一度、一緒に来ていただけたら」

「そういう問題じゃないだろ。自分でどう解決するかを考えるのが交渉だろ」

「それはそうなんですが……」

「謝罪すべきは謝罪して、交渉を続けるなら続ける。賛助金を増額したっていいんだ。方針を変えて、ほかのＮＰＯを当たる手だってあるだろ。知恵を出せよ、知恵を」

池永は、このときも滝口を突き放した。

担当を代えることも考えたが、それで問題が解決するとは思えなかった。また、この程度のことで自分が乗り出していくことはないと思っていたし、現実に、時間もなかった。

しかし、結果的にはその判断が、さらに状況を悪化させた。

賛助金の増額を切り出したことで、代表の熊井はさらに態度を硬化させる。

滝口は方針を転換し、ほかのＮＰＯとの交渉に乗り出したが、これも揃って失敗。

熊井の影響力は想像以上に大きく、東京バリアフリーネットワークが参加を拒否したことはすでに主だったＮＰＯには知られていた。各団体とも熊井に気を遣って二の足を踏んだ格好だった。

千駄ヶ谷の古いビルの一室で、池永がＮＰＯ法人「東京バリアフリーネットワーク」の代表、熊井圭吾（六二）と向き合ったのは、「拒否回答」からすでに一カ月が経過してからだった。

一〇年前、一人娘が交通事故で車椅子生活になったのを機にバリアフリー運動を始めたという熊井は、いかにも元・大手鉄鋼会社の技術者らしい物静かな風貌だったが、その射すくめるような眼光の鋭さに、ゆるぎない信念が見て取れた。

「残念ながら、このイベントには、傲慢しか感じられません」

「傲慢……ですか？」

いきなり思いがけぬ一言をぶつけられ、池永は一瞬たじろいだ。

営業サイドに対して抱き続けてきた思いと同じ言葉が、まさか自分に向けられようとは……。

「部下の滝口が、いろいろ非礼なことを申したようで」

「ええ、確かに。ただ、滝口さんの言葉は上司であるあなたの言葉だと理解しました」

「いや、決してそんなことは。お金のことに関しては、滝口の言葉足らずと言いますか。私どもはあくまでも協力していただくお礼の気持ちとして……」

「池永さん、そういうことではないんですよ」

「ハッ？」

「企業が社会貢献活動をイメージアップに利用したり、営業活動に活かしたりするのは、むしろ当然のことです。我々もキレイごとの学生運動とは違います。活動のためにはお金は必要ですし、企業の支援をうまく利用したい。ある意味、ビジネスです」

池永は、熊井のあまりにも率直な言葉に、逆に頭が混乱してきた。

柔和な笑みを浮かべながら、熊井の口から次に出た言葉はさらに衝撃的だった。

「あなたは、バリアフリーの本当の意味を理解しておられません。いや、正確には理解しようとすらしておられません。住まい、交通、社会、街、あらゆるところでバリアフリーは必要です。しかし、私たちが本当に求めているのは心のバリアフリーなんです」

「心の……バリアフリーですか？」

「ええ、私が傲慢と言ったのは、あなた自身の心のバリアの問題なんですよ。

あの企画書は強者の論理で貫かれています。身障者や高齢者に対するバリアフリーの必要性を謳《うた》いながら、そこに透けて見えるのは、強者が弱者にモノを与える論理、恵まれた者が恵まれない者を助ける構図、いわば企業の傲慢、施しの思想です。

私たちが本当に求めているバリアフリーは、そうした心のバリアの解放なんです。

それはドリーム飲料というより、池永さん、あなた自身の問題かもしれません」


池永は、これほど屈辱的な言葉をぶつけられたのは初めてだった。

しかし、小気味いいほど打ちのめされたせいか、不思議なことに怒りはなかった。

実際、熊井の言う通りだった。企業イメージのために「バリアフリー」などという舌触りのいい言葉を選んだだけで、その意味も社会の現状も本当には考えていなかった。

企画書を読んだだけでそれを見透かされたのだから、反論の余地はなかった。

帰りのタクシーの中で、池永はなぜか笑いがこみあげてきた。

「何かおかしいですか？」

「いや、何か痛快でな、熊井圭吾か……ありゃ、なかなかたいした人物だな」

「言われっぱなしで、室長がよく我慢してるなと、正直、ハラハラしてたんですが」

「結構、快感だったよ。あれだけ論破されたのは、学生時代以来かな」

「それにしても、あの人、勝手なことばかり言って」

「普通、人間は自分が嫌われるようなことは言いたくないものだが、初めて会った相手にあそこまで率直にモノを言って、しかも、後味の悪さを残さないのは、そうそうできることじゃない。ホント、たいした人物だよ」

「そうですね。僕もあのオヤジ、正直言って、嫌いじゃないですよ」

「滝口」

「ハイ」

「ＮＰＯは当初の予定通り、東京バリアフリーネットワークで行くぞ。オヤジの懐に飛び込んで、粘り強く交渉しろ。俺が必要ならいつでも言え」

「わかりました！」

問2 池永さんは、熊井さんとの一件で何を感じ取ったのでしょうか。

しかし、帰社した池永を待っていたのは、さらなる想定外の事態だった。

「室長、とんでもない問題が……女優の河原崎美穂が！」

イベントのメインキャラクターである女優の思いもかけぬスキャンダルだった。

それから一週間は「河原崎美穂」の後始末に追われた。

いかにブレイク中の人気女優とはいえ、飲酒運転で書類送検となれば世間の批判は免れず、イベントへの出演は断念せざるを得なかった。

相次ぐ想定外のトラブルに、イベントそのものが空中分解するおそれも出てきた。

翌週の会議で、池永は企画の大幅変更を発表し、スタッフの前で率直に頭を下げた。

「何としてもイベントはやり抜きたい。みんな協力して知恵を出し合ってほしい。頼む」

スタッフの間から、予期せぬ拍手がわき上がった。池永のこわばった顔が思わず緩んだ。

その足で社長室に向かい、改めて事情説明をして企画の大幅縮小を謝罪した。


「俺も君に謝らなきゃならんことがある」

「え、何でしょう?」

「例の新しいスポーツ飲料の件だが、営業担当の米井常務が強硬でね、結局、CSRより営業優先ということで、発売日は前倒しすることになった」

「そ、そうですか……」

「難しいもんだな、企業の社会貢献というのは。CSRで企業イメージを変えるなんて偉そうなことを言ったが、我々の意識改革が先決ということか」

「申し訳ありません」

「ただし、イベントだけは何としてもやり通してくれ。これからのためにも」

実行委員会に、いままでにない活気がみなぎってきた。

連日、夜遅くまで会議が開かれ、細かな段取りが次々と決まっていった。

最大の問題だった女優の河原崎美穂に代わるイベントのメインキャラクターは、江田照夫の発案で、現役の車椅子マラソンランナー・喜多原めぐみが候補に上がった。

昨年のイギリス大会で優勝し、今年、大分で開かれる国際車椅子マラソンにもエントリーしている二〇歳の新鋭で、ポートレート写真は思わず見とれるような美人だった。


「室長、近頃の不健康な女優より、ずっと可愛いし、何より輝いているでしょう！」

「彼女、昔からうちのエリカの大ファンで、ずっと愛飲しているそうです」

「電報堂の土屋を通して、一応、仮OKはもらってます！」

池永は部下たちの熱心さに呆れながらも、やはり嬉しかった。

「いいじゃないか！　この線で行こう！」


しかし、例のNPOの問題がまだ未解決だった。

ほかのNPOに声をかけることも可能だったし、別のルートで車椅子の一般参加者を募集することもできたが、池永はやはり熊井圭吾へのこだわりがあった。

どうせなら彼と組んで、イベントを成功させたいという思いが強くなっていた。

相変わらず報告にこない滝口をイライラしながら待っていると……。

「室長！　東京バリアフリーネットワーク、ＯＫ出ました！」

「本当か！」

「熊井のオヤジさん、喜んで協力させてもらうと」

「そうか……よかった！」

「顔を出しても全然無視だったんですが、ドラ焼きを差し入れたら、とたんに態度が変わっちゃって。お年寄りだから、甘いもの好きなんですよ。それでちょっと説得したら、もともとイベントそのものは気に入ってたみたいで……」

「そうか、よくやってくれた！」

「別に僕の力じゃないですよ。『あの室長さん、俺がずいぶん失礼なことを言ったのによく黙って聞いてたよなあ……』なんて、逆に感心し始めて。いい加減なオヤジですよ」

そんな言い方でごまかしたが、滝口が粘り強く交渉に当たってくれたことは容易に想像できた。池永は去っていく滝口の後ろ姿を、いままでとはまったく違った思いで眺めた。
紙に書いた企画書を、実際に形にしていくのは部下なんだ……。
そんな当たり前のことに、改めて気づいた思いだった。

問3
最終的に好ましい結果が生まれたのはなぜでしょうか。

第3章の要点

リーダーの仕事の第三ステップは、計画を実行し、確実に成果を出すことです。ここでは適切な実行管理や部下のサポート、フォローが不可欠となります。そのためのカギは、「資源調達と役割・責任の付与」、「率先垂範と実行の後押し」、そして「決断力と柔軟性」です。

重要なシーン

本ケースで注目いただきたいのは、以下のシーンです。

①滝口君への丸投げ

滝口君への指示が、一方的な押しつけ、言い換えれば丸投げになっています。しかも、滝口

プロセスで見るリーダー行動（リーダー・ウェイ）

①
目標・ゴールを明確に打ち出し、関係者を巻き込む

②
関係者を巻き込み、実行計画を具体化する

③
粘り強く実行し、成果を出す

④
人材を育成し、組織文化を創る

君が若干の懸念を表明しているにもかかわらず、「そんなの……」という言い方でまるで取り合わず、状況を把握しようともせず、滝口君一人にすべてを押しつけています。これはエンパワーメント（権限委譲）とまったく似て非なるものです。

②プロジェクトをやり切る強い信念の、裏側にひそむ傲慢さ

池永さんは、熊井さんに批判された後、自分の傲慢さ、至らなさに気づき、逆に今回のプロジェクトにおいて協働者の立場に立った利他の発想の必要性、重要性を強く意識しました。そのような経験があったからこそ、営業サイドからの横車やタレントの不祥事に柔軟に対応でき、またスタッフを信頼しつつ彼らを鼓舞することが可能になったとも言えるでしょう。

重要な行動要件

実行し、成果を出すことに関する重要な行動要件について詳しく説明する前に、まず、仕事

の「責任」というものについて、前提となる考え方を共有しておきましょう。

個を活かし任せる経営を実践していくうえでは、任せる側の責任と任せられる側の責任の違いを明確に説明できることが問われてきます。私は、責任は、大きく「結果責任」と「執行責任」の二つに分けられると考えています。

■結果責任

結果責任は、文字通り結果に関する責任です。もしある組織の結果が思わしくない場合、特に目標未達の場合、その責任をとるのはあくまでリーダーです。結果が伴わない理由としては、リーダー自身のパフォーマンス不足はもちろんのこと、メンバーのパフォーマンス不足や会社のサポート不足、急激な外部環境変化、あるいは予期せぬトラブルなど、リーダーとしては「自分の責任ではない！」と叫びたくなるケースもあるでしょう。しかし、そうした原因によるケースも含め、最終的には、リーダーが結果に対する全責任を負わなければならないのです。

結果責任を果たすうえでリーダーが意識すべきポイントは、メンバーにしっかり執行責任を果たさせるよう、コミュニケーションやプロセス・マネジメントを適切に行うことです。プロセス・マネジメントとは、文字通り工程管理であり、スタッフのなすべき仕事（TO DO）とアウトプットについて、工程表（ガントチャート）のイメージを持ちながら（あるいは実際にガントチャートを作成して）管理していくことです。

なお、比較的経験を積んだメンバーであれば、適当な時期、節目節目に関所を設けるマイルストーン管理によって、適宜アウトプットを把握するだけでもいいかもしれません。しかし、経験の浅いメンバーの場合は、「TO DO」の部分に踏み込んで、しっかり見てあげることが必要となります。そして、当事者に対しては「この経験を通じて、一段成長するという自覚」（つまり、学習責任）を持たせることも大切です。

いずれにしても、結果責任を果たすとはいったい何をすることなのかを、リーダー自身がしっかり理解しておくことが、エンパワーメントの基盤となると言えましょう。

■執行責任

執行責任とは、結果を出すべく、仕事をしっかり最後まで成し遂げることです。これはフォロワーが果たさなければならない重要な責任です（もちろん、リーダーにも執行責任はあります）。

仕事は、具体的に指示される場合もあるでしょうが、目標を踏まえたうえで自ら考え抜く必要があります。執行の際に重要なのは、組織の価値観、行動様式や期待される仕事の手順（プロセス）をしっかり遵守、実践するということです。これにより、意思決定や業務の効率が高まるだけではなく、それを見て、また新たに人が育っていくからです。

さて、この二種類の責任に関する考え方を踏まえたうえで、実行し、成果を出すことに関する重要な行動要件を整理しておきましょう。そのうえで、先のケースの重要シーンについて振り返っていくことにします。

①資源の調達と、役割と責任の付与

■資源を調達する

実行フェーズにおける、リーダーの重要な役割の第一は資源の調達です。もちろん、資源は会社の中に無尽蔵にあるわけではありませんから、限られた資源の中で知恵を働かせながら最大の効果を生み出すという側面もありますが、それも程度によりけりです。必要な資源を獲得できなかったがゆえに、メンバーが疲労困憊してしまい、やがてアイデアも気力も枯渇する、というケースは珍しいことではありません。

まず、リーダーは社内（外）に自分たちのビジョンを売り込む必要があります。好ましい達成イメージを説明することで周囲を巻き込み、仲間を増やすのです。人員や資金ももちろんですが、忙しいときにちょっとでも手伝ってくれる援軍を持っておくことは、いざというときにかなり助けになります。ここで説明するビジョンは、第1章でも示したように、社会的に意義がありつつ、関わった者自身がワクワクできるものであるべきでしょう。

ベンチャー起業家が、初期の段階で懸命に魅力的なビジョンやゴール・イメージをつくるのも、ヒト、モノ、カネのすべての経営資源を集めることを強く意識しているからです。

適切に役割と責任を与える

これまで述べてきたように、変化が速く多様化の進んだ現代における企業経営のキーワードはエンパワーメントです。エンパワーすることでメンバーのやる気を引き出しながら、素早い行動につなげていくことが必要不可欠です。

このときカギになるのが、各々のメンバーに対して適切な業務をアサインする（割り振る）ことです。どれだけやる気やスキルが高くても、あるいは上司の支援があっても、そもそも与えられた業務が本人にとって適切なものでなければ、彼らは十分に力を出しきることはできませんし、本来なされるべき業務が実行されないままということになってしまいます。その意味で、仕事を適切に与えることは、リーダーに課せられた（さらに言えばリーダーのみに課せられた）最も重要な責務とも言えるでしょう。

その際、詳細は後述しますが、メンバー一人ひとりの個性や価値観なども見極めたうえで、力量に見合った業務付与を行う必要があります。ここで「力量に見合った」と言っているのは、いま現在の力量を意味するものではありません。それでは達成した場合の喜びも小さくなります。挑戦する気持ちも目覚めませんし、能力開発も進みません。

私の経験上、現在の力量の二〇～三〇％増しの業務をアサインすることが、成長やモチベーションにつながると感じています。この二〇～三〇％という数字は、単に目標数値（営業数字など）を二〇～三〇％増やせということではありません。質の面の向上を図ったり、守備範囲を広げてあげることも、リーダーの重要な務めです。以下のようなポイントに気をつけながら私は業務付与を行っています。個を活かし、個の能力を引き出すリーダーシップが望まれるところです。

①能力開発の側面

・相手の現状能力では簡単には達成できない、やや難しい業務を任せて、チャレンジさせる
・相手の未開発な部分が鍛えられそうな業務を任せ、能力の幅を広げる
・相手の視座が高まり、視野が広がるような仕事を意識して任せる

②意欲喚起の側面

・その仕事の組織全体の中での意義、およびその仕事を通じて相手に何を学んでほしいか、何に挑戦してほしいかを、熱意をもって伝える
・任せる仕事の責任（執行責任や学習責任）に対する自覚を促す

■相手の状況を適切に見極める

さて、初期段階で相手の能力や性格を把握できていないと、その人の能力や許容量を大幅に超えた仕事を与えてしまい、結果として相手が自信をなくしてしまうリスクがあります。また、相手の体調や意欲に対する理解不足によって、その人本来の力を発揮できない状態を招き、無理を強いてしまうかもしれません。これらは相手の意欲を削ぐばかりか、組織全体にとっても大きな損失です。

したがって、相手の能力・意欲・特性、そして、これから取り組む仕事に対する相手の理解度を適切に把握することが、初期のプロセスでは欠かせません。相手を適切に理解することで、相手が独力でどこまでやれるのか、どのあたりでリーダーのサポート（介入）が必要かを、あらかじめ見極めることが可能になります。結果を出すことがリーダーの使命であることを考えると、これは極めて重要な営みと言えるでしょう。

相手の状況を理解する

・能力：経験・実績、知識、視点・手順など
・意欲：気構え、志向、感情、体調など
・特性：性格、嗜好、得手不得手の意識など

相手の状況把握度合いを確認する

・目的、目標、時間軸など制約条件の共有度

さて、ケースでは、滝口君に対する交渉業務のアサインメントが注目されます。滝口君に業務を与えたこと自体は悪くはないのですが、いわゆる「丸投げ」になってしまっている点が問

題なのです。端的に言えば、結果責任に対するリーダーの意識が弱かったということです。

結果責任に対する意識が強ければ、初期の段階で、おのずと滝口君ともっとコミュニケーションをとり、交渉の目的、実行上の判断基準、具体的対策やリスクなどについて、彼が納得のいくまでしっかりと議論を重ねたはずです。

あるいは、滝口君が適切に仕事を進めているか、執行責任の果たし方の状況を節目節目でモニタリングし、適切なサポートを行うこともできたはずです。私たちの日常でも、「任せている」つもりが、実は忙しさにかまけて仕事を「投げている」だけということはありがちです。

この例を反面教師として自戒したいものです。

COLUMN

格言集

「働き場を与えれば人は動く」——落合博満

②率先垂範と実行の後押し

山本五十六大将の有名な言葉に、「やってみせ、言ってきかせて、させてみて、ほめてやらねば人は動かじ」があります。率先垂範とコーチングの重要性を端的に示した名言と言えるでしょう。本パートでは、率先垂範、コーチング、そしてフォローのあり方について、望ましいやり方を考えてみましょう。

■率先垂範

率先垂範については、皆が易きに流れて避けがちな仕事や困難な仕事ほど、自ら先陣を切って行うことが必要です。火中の栗を拾い、自らチャレンジしていくと言い換えてもいいかもしれません。やればできるということをスタッフに示すことは、皆の自信にもつながります。結果として、リーダーに対する信頼を深めてもらえるという効果もあるでしょう。

率先垂範にあたっては、自分の行動が組織文化を醸成するという視点も忘れてはなりません。スタッフはリーダーの背中を見て行動するからです。逆に言えば、組織に根づかせたい行動規範を念頭に置きつつ、自ら行動することが肝要です。

次にコーチングですが、これは部下に任せることと、つまり責任を持たせることを前提にしています。任せる側のリーダーには、自らの結果責任への覚悟を持ちつつ、任せた相手に対しては執行責任をしっかり自覚させる説明能力も必要となります。任せた相手の当事者意識を刺激しつつ、フォローし、コーチし、成果を出させ、育成を図る具体的行動が求められます。一般的なコーチングの技術論は他の書籍に譲り、ここでは、いかに当事者意識を持たせるかに絞ってご説明しましょう。

■当事者意識を高める

当事者意識とは、「組織の問題を自らの問題としてとらえ、自律的かつ本気で知恵を出し、問題発見や問題解決に向けて本気で行動しようとする意識」のことです。「自らの」と「本気で」がキーワードです。

当事者意識があれば、指図がなくても各人が自分で考え、動けるため、経営のスピードが上がります。また本気になって考え、行動していますから、アウトプットの質と成功の確率も高まります。メンバーの当事者意識を高めることは、おのずとエンパワーメント経営につながります。経営の質を高める特効薬と言えるでしょう。

では、どうすれば当事者意識を高められるのでしょうか。私は、責任を自覚させる早道は、

「責任を全うするということは、その仕事の目的・意義をどうとらえたうえで、何をどうすることなのか」をとことん考えさせ、本人自らの言葉で語れるように導くことだと考えています。あるべき行動を動画イメージで認識できるようになると、人間はそれを実践するにふさわしくありたいと望み、行動する意識が高まるからです。

「お前は何がしたいんだ」と常に問い続けることが、リーダーの重要な仕事だと言われますが、これには一理あります。本人に一人称で考えさせ続けることによって、人間が根源的に持っている主体性や、やりたいという動機に火をつけ、当事者意識を引き出すことが可能となるのです。

もう一つ、当事者意識を高めるコツは、逃げずに相手と対峙《たいじ》し、率直なフィードバックを行うことです。それを機に、人は自分自身を見直し、新たな挑戦を行えるようになるからです。

率直なフィードバックというのは往々にして相手にとって厳しい内容を含むものです。ですから、時に伝えることを躊躇しがちです。でもリーダーは率直であるべきなのです。私は、「結果として嫌われても構わない」というリーダー自身に関わる覚悟以上に、「いま、伝えないと彼/彼女は駄目になる」という相手に対する思いや愛情が重要だと思います。それがなければリーダーの本心は相手には伝わらないでしょう。

■部分最適の「狭い当事者意識」を排除する

さて、当事者意識を引き出して仕事を任せることができたとしても、それが、任せた（一定の）範囲で閉じてしまう「狭い当事者意識」であっては組織にとっては逆効果です。狭い当事者意識とは、日常接点を持つ同僚たちとの間でのみ通用する「部分最適」でよしとしてしまう意識です。

こうした状態を放っておくと、全体を見ない「個人事業主」が組織の至る所に出没しかねません。部分最適で満足した個人事業主の寄り合い所帯では、組織の真の競争力は高まらないのです。また、狭い範囲に閉じた役割に上限を定めてしまうことは、個人の持つポテンシャルを顕在化させないことにもつながります。本人にとっても組織にとっても、実に大きな損失と言えるでしょう。

そうした事態を回避するには、部下に経営全体の情報に触れさせることが有効です。自分の仕事の意義を全体の中で見て、それが組織にとって、どんな意味合いを持つのかを考えさせることです。視座を高め、視野を広げさせると言い換えてもいいでしょう。そのために、私はしばしば以下のような質問を用いています。

・あなたが私の立場だったら、どう考えただろう。社長だったら、どう考えたと思うか
・あなたのそうした行動は、他の部門の人間にどのように映っているか
・お客さんから見たとき、それは重要なことなのか

もう一つ効果的なやり方として、組織全体の視点から、仕事への期待をうまく翻訳して伝えてあげるという方法もあります。たとえば「全社にとって新たな顧客開拓の試金石として意義のあるこの仕事で、君が大いに貢献してくれることをあてにしている。頼むぞ」といった具合です。こうした期待感をリーダーの口からしっかり伝えることは、一段高い当事者意識を引き出すトリガー（引き金）となるでしょう。

■当事者意識とは程遠いケースへの対処

なお、前向きな話ではないのですが、当事者意識とは程遠い「ぶら下がり社員」や「寄生社員」への対応についても簡単に述べておきましょう。あってはほしくないのですが、組織には一定確率で発生してくるケースです。

対処法をシンプルに言ってしまうと、相手の本気、自尊心をいかにして目覚めさせるか、と

いうことに尽きると思います。相手のタイプにもよりますが、「悔しい」とか「恥ずかしい」といった人間の根源的な感情部分に刺激を与えるのが近道だと私は感じています。そのためには、期待と愛情を持ちつつも、率直に厳しいメッセージを伝えるべきです。たとえば、「いまの君は、組織の平均値を下げている」などとストレートに伝えるのです。

ダイエーの副会長でBMW東京の社長をつとめた林文子氏は、BMWの営業所長時代、「ほめ殺しの林」と称されていました。成績が上がらない部下がいると「残念だわ。あなたなら絶対にできるはずなのに。残念だわ」と伝えることで相手のやる気を喚起しました。あるいは、ルールを守らない部下がいると、「あなたはこんなに素敵なのに、こんなつまらないルール違反をして、自分をおとしめる。どうしてなの」と迫りました。こうしたアプローチはスタッフの心をとらえ、林氏は常にBMWでトップクラスの営業成績を残したといいます。

ともあれ、万策を尽くしても相手の意識や行動に変化が出ない場合は、「バスから降りてもらう」しかないでしょう。言われる側はもちろん辛いことですが、伝える側もそれ以上に辛いものです。しかし、それがリーダーの使命です。厳しい現実に向き合わねばなりません。

リーダーがこれを看過し、現実から逃避することは、当事者意識を持ったやる気のある他の社員に対する裏切りであり、不作為の罪と心得るべきだと私は思います。

■フォローして結果を出させる

フォローのポイントは、「干渉しすぎず、放任せず」のバランスにあります。相手の自主性を最大限に引き出し、できる限り自律的に挑戦させ、完遂させることが成長につながるからです。たとえ途中でつまずいても、最終的に結果を出すことで達成感を感じ、それが自信につながるものです。では、フォローに関するポイントを二つ紹介しましょう。

第一に、「適切なフォローの間合い（タイミング）」です。相手の能力や仕事の難易度によって、フォローすべきタイミングや頻度は異なります。忘れてはいけない原則は、「フォローアップのタイミングを、あらかじめ合意しておく」ことです。なぜなら、リーダーの思いつきで「その後どうなった？」と予告なく迫られると、相手は監視・管理されているような居心地の悪さを感じてしまうからです。かといって、「何かあったらいつでも言って」というやり方では不十分です。相談すべきか否かの判断まですべて相手に委ねることになってしまい、リーダーとして本来必要なフォローができないリスクがあるからです。

第二に、「いつでも相談できる関係構築」です。事前の合意にこだわりすぎず、状況に応じた柔軟な対応も必要です。カギは、部下がリーダーにいつでも相談できるような雰囲気を構築しておくことです。私の知人は、「一二〇点を目指せ！　だけど一〇点でも二〇点でもいいから、いつでも相談に来い」という言い方をしています。相手に対する期待を示しつつ、相談を遠慮してしまうような緊張感を払拭し、気軽に相談できる雰囲気づくりをしているのです。

池永さんの仕事の進め方で気になるのは、初期の段階におけるフォローの入れ方のまずさです。ここにも最初の指示の出し方のまずさと相通じる、リーダーの責任の果たし方に対する理解不足が見て取れます。「知らせがないのはよい便り」は、ビジネスでは通用しません。特にカギとなるメンバーやタスクについては細心の注意で目を光らせ、あらかじめプロセス上の難所やボトルネックを想定したうえで、適切なフォローを実行していくことが望まれます。

COLUMN

格言集

「余計な言葉ではなく、価値のある言葉を与えること。つまらない言葉ではなく、その人にとってなくてはならない言葉、またその場しのぎの言葉ではなく一生心に残る言葉を贈るべきだ」

――マックス・ドゥプリー[注1]

③決断力と柔軟性

リーダーは、断固たる決断力を示すと同時に、状況に応じて柔軟に変わることが求められます。一見、二律背反に見えるこの課題を乗り越えるカギは何でしょうか。

一つは、判断の軸となる拠り所、原則（ディシプリン）を明確に持つことです。たとえば、社会的な不正は徹底的に排除するという原則を持っていれば、不正を犯した同僚をかばうか、それとも不正をただすか、という二者選択において前者を選ぶことはなくなるでしょう。方法論については、その時々の社内事情や世の中の要請に応じて柔軟に変わるかもしれませんが、根本的な部分は不変であるべきなのです。

このような価値観や、ビジョン・戦略の根幹となる基本方針については、あまりころころ変わっていてはスタッフも混乱しますし、組織としての一体感も生まれません。一貫したコミュニケーションが求められます。

また、明確な原則に従って意思決定を下し、行動し続けることは、原則を徹底させることにもつながります。「意思決定は企業文化を体現する」と言われるゆえんです。こうした原則をしっかり持っておくことは、不測の事態においても一致団結して望ましい行動がとりやすくなるという効果もあります。

一方、仕事を進めるうえでの具体的な方法論（特に短期的、局所的な場合）については、市場環境などに応じて臨機応変に対応することが望まれます。

■意思決定しないことの悪影響

しばしばリーダーが犯してしまいがちなミスが、意思決定を先送りすることです。「市場の環境変化を見極めて」などともっともらしい理由をつけますが、多くの場合は自分が苦手とする事柄から逃げているにすぎません。

しかし、リーダーの意思決定先送りは大きなコストを伴います。早い段階で手を打っておけば小さな傷ですんだものが、大きな傷になってしまうかもしれませんし、リーダーが意思決定を保留している間、スタッフの活動が実質的に止まってしまうことも少なくありません。

リーダーは、こうしたコストを強く意識したうえで、迅速かつ毅然とした意思決定を行う必要があるのです。そのために私自身が意識していることが二つあります。一つは普段の準備、つまり事業の目的、大きな目標と基本戦略と優先順位の大原則を考え抜いておくことです。もう一つが「何もしない、何も変えない」という意思決定です。これも立派な戦略オプションです。意思決定の留保（ペンディング）を避けんがための、不要な決断を防ぐためです。

■安易なトレードオフに逃げない

多くのビジネスパーソンが悩む事柄として、トレードオフの判断があります。たとえば、「質とスピードのどちらを取るべきか」「価格と安全性のどちらを取るべきか」という質問です。特にリーダーは、スタッフからのこうした質問に対して、理由とともに明確に答えなくてはなりません。その答えは、スタッフの意識や行動を大きく左右することになるでしょう。

こうしたトレードオフを判断する一つのコツは、より上位の原則に立ち返ることです。たとえば、会社が短期的利益ではなく長期的利益を目指すのであれば、多少価格は高くとも、安全性の高い業者から仕入れようという判断になるかもしれません。

もう一つのトレードオフを考える際のポイントは、「本当にそれはトレードオフなのか」を問い返すことです。かつて経営学者のゲイリー・ハメルは「ｏｒではなくａｎｄを狙え」と言いました。安易にどちらかを選んでいてはブレークスルーを起こすこともできませんし、競争相手に圧倒的に勝ちきることもできません。難しいようでも、一見トレードオフに見える二つの事柄を同時に満たせないか考えることが時には必要です。

「質とスピードの両方を満たす方法はないのか」「価格と安全性の両方を満たすためには何が必要なのか」――こうした質問を投げかけることで、メンバーにチャレンジを促すことも、リーダーの重要な役割なのです。

COLUMN

格言集

「考えて、考えて、考え抜く。でも、わからないことがある。その場合はやってみることである。やってみればわかる。やらなければわからない」——小倉昌男[注2]

「わたしたちの手法に秘密はない。ただ、新しいドアをあけ、新しいことをして、前に進みつづけるだけだ。わたしたちは好奇心に満ちている。好奇心がわたしたちを新たな道へと導いている。」——ウォルト・ディズニー[注3]

「いかなる解決策があるかは、問題によって異なる。しかしある一つの解決策は、つねに検討しなければならない。それはいかなる行動もとらないという解決策である」——ピーター・F・ドラッカー[注4]

リーダーとして一皮むけるための気構え

本ケースでは、結局、池永さんはリーダーとしてどこが一皮むけたのでしょうか。

一言で言えば、自身の傲慢さに気づいたという点です。成果に対する執着心はリーダーとして非常に重要な要素ですが、強い思いや信念は、時として仲間や関係する協働者に対する風当たりの強さ、持論をくり返す頑迷さ、傲慢さにつながりかねません。

プロジェクトをリードする立場からの「熱心さ」の表れだから仕方がない、という見方があるかもしれません。ただ、ここで一歩引いて俯瞰する必要があります。成果に対する執着心が、時として自らの功を急ぐ自利の気持ちに変化しかねないのです。リーダーとしては、常にチーム・メンバーの貢献への感謝、コラボレーション・パートナーなど利害関係者への利他の精神を忘れてはいけないのです。

本ケースの池永さんの場合、自社のイベントの成功に目を奪われており、CSRあるいはバリアフリーについて表層的なとらえ方をしていました。NPOの熊井さんの手厳しい指摘で、池永さんはそれに気づきました。

通常、リーダーに面と向かって「傲慢さ」を指摘できる人はあまりいません。ですから、池永さんはある意味で幸運だったとも言えるでしょう。

ここで、関連する理論について簡単に紹介しておきましょう。

3 Theory

ラリー・ボシディの「実行力」

ゼネラル・エレクトリック（GE）の副会長兼執行責任者として、あのジャック・ウェルチの右腕となり、その後、アライド・シグナル、ハネウエル・インターナショナルのCEOを務めたラリー・ボシディは、著書『経営は「実行」』[注5]で、実行というものがいかに企業経営において重要かを説きました。

ボシディは企業における実行の要素として、以下の三つを提示しています。

1 リーダーがとるべき七つの行動要件

①自社の人材や事業を知る
②常に現実を直視するよう求める

③明確な目標を設定し、優先順位をはっきりさせる
④最後までフォローする
⑤成果を上げた者に報いる
⑥社員の能力を伸ばす
⑦己を知る

②実行を可能にする企業文化に変革するための枠組みをつくる

実行力の高い組織をつくるためには、実行が企業文化の中核に据えられなくてはなりません。企業文化こそが、人々の行動や価値観を左右し、日常業務における行動規範となるからです。

ボシディは、組織構造や評価システムといった「ハード」な枠組みもさることながら、価値観や行動規範などの「ソフト」な要素により重点を置いています。そして、ソフトの柱となる部分を「社会的仕組み」と呼んで重視しました。社会的仕組みとは、公式・非公式の会議、メモや電子メールなど、対話が行われているもののすべてを含みます。考え方や価値観が絶えずそこで実践されているからです。

ボシディは、GEの強さとして、こうした社会的な枠組みがハードの仕組みと結びついて、実行を含む好ましい文化の醸成に寄与している点を挙げています。

[3]適材を適所にあてる

前述の適切な仕事のアサインメントを、ボシディも強調しています。ボシディによれば、適材適所の実現は決して難しいものではありません。彼は、面接・評価、有益で率直なフィードバックを体系的に行い、一貫性を持たせることが重要としています。

ボシディは三つの構成要素を踏まえたうえで、人材、戦略、業務という、企業の重要な三つのプロセスに、相互補完的に実行の仕組みを根づかせることこそがリーダーの最大の仕事としています。

たとえば人材プロセスであれば、戦略・業務プロセスとの連動を意識しながら、①各人を正確に深く評価する、②幹部となる人材を見極め、育成する枠組みをつくる、③強力な後継者育成・選抜計画の基礎となる「リーダーシップ・パイプライン」を確保する、を適切に行うことに精力をつぎ込む必要があるとしています。

実行とチャレンジを促す「失敗に寛容な組織」

ほとんどの人は、失敗を恐れ、失敗した製品やプロジェクトを恥じるものです。しかし、「失敗は成功の母」です。リスクをとることを奨励しなければ、ビジネスの原動力である創造力が阻害され、画期的な商品など開発できません。では、「失敗に寛容な組織」[注6]をつくるためには、どのようなアプローチが有効でしょうか。

ビジネスに限らず、各界の「失敗に寛容なリーダー」の行動には、いくつかの共通点が見られるという研究結果があります。すなわち、①部下に対して称賛や批判はせず、分析的な態度で接する、②自分自身の失敗を率直に認め、隠蔽《いんぺい》や責任転嫁をしない、③「失敗＝成功を補完するもの」と考えるよう働きかけること、などです。

もちろん、すべての失敗が奨励されるわけではありません。許される失敗もあれば、ずさんさの果てに生じた、許されざる失敗もあります。だからこそ、「失敗に寛容なリーダー」は許される失敗についてしっかりと検証し、理解し、糧とするための分析をします。たとえば、あるプロジェクトが目標を達成できなかった場合には、次のような問いを投げかけるのです。

・プロジェクトは入念に設計されていたか。見落としはなかったか
・徹底的な調査や協議により、失敗は防止できなかったか
・コラボレーションができていたか。同僚からの協力を拒んだり、関係者への報告を怠ったりしていなかったか
・目標を忠実に追求していたか。個人的な利害に左右されていなかったか
・リスク、コストやタイミングは適切だったか
・同じ失敗が、何度も繰り返されていないか

なお、成功についても、ほぼ同じアプローチが可能です。幸運な偶然による成功を、用意周到に実行に移されたプロジェクトによる成功と同一視するわけにはいきません。幸運な偶然による部分はどれくらいで、担当者の熱意による貢献はどれくらいか。その成功は、顧客のニーズに応えるものか、単に同僚の称賛にとどまるものか。このような視点により、成功と失敗とが、分け隔てなく扱われるようになるのです。

成功か失敗かという評価基準のもとでは、仲間同士の競争が不可欠です。その一方、安心し

て失敗できる企業文化の中では、競争よりもむしろ、一緒に問題解決し、プロジェクトを前進させようというコラボレーションの意識が働きます。協働的なチームワークが、イノベーションを促進するのです。

こうした社内コミュニティにおいて、アイデアが生み出されるプロセスは、ブレストに似ています。競争や批判ではなく、協力と支援の雰囲気のなか、提案を打ち出していくことの繰り返しです。「失敗に寛容な組織」では、成功と失敗という基準ではなく、学習と経験という観点から意見を表明できるのです。

第4章

組織にゆらぎを与え続ける

責任感と思いのバランス

人材を育成し、組織文化を創る

1
Story

会社
(株)ブライダル・エッジ

ハウス・ウエディングの企画・運営および結婚式場の経営、ブライダル用品の販売など。設立10年余りの若い会社ながら、5年で東証一部上場。全国40カ所にハウス結婚式場を展開。
売上高　400億円
社員　800人

主人公
橋本 冴子(37)

ブライダル・プランナー、取締役企画運営部長。都内の名門女子大を卒業後、フリーライターや番組リポーターとして活動していたが、10年前に社長の畑崎浩平と番組取材を通じて知り合いブライダル・エッジに入社。その優れた時代感覚、女性ならではのこまやかな心配りと斬新なアイデアでブライダル・プランナーとして活躍すると同時に、企画全般・社員教育を担当。現代の女性ビジネスウーマンとして、しばしばマスコミにも登場する。

背景

個性の時代と言われるなか、ここ数年、若者に新しい「ブライダル・スタイル」を提案して、大ブームを巻き起こしたハウス・ウエディング。大学時代から起業家を目指してビジネスの世界に飛び込み、このハウス・ウエディングというビジネスモデルを開発した社長の畑崎浩平は、史上最短で東証一部に上場。若手カリスマ経営者として時代の寵児となった。しかし、ウエディング業界も「少子化」「晩婚化」という逆風のなか、市場の先細りが懸念され、若者を惹きつける企画力、それに伴う優秀な人材の育成が必要不可欠となってきている。

部下の集団離脱！　冴子部長、絶体絶命

東京タワーの夜景を臨むホテルの最上階。

橋本冴子は行きつけのバーで、いつもは陽気に飲むのに、今日は顔見知りのバーテンにお代わりを止められるほど、いつになく悪い酔い方をしていた。

一人でヤケ酒を飲むなんて何年ぶりだろうか。

「飲ませてよお、今日はトコトン飲んでイヤなこと忘れたいのよ！」

「ひょっとして、失恋ですか？」

まあ、ある意味では「失恋」と言えるかもしれない。

いつもならプランニングの連中と、会議の後に流れて、ワイワイ陽気に飲むのだが、この席にはもう宮村亮太も杉本忠志も、人一倍可愛がっていた和多田達郎の姿もない。

三人が揃って辞表を提出したのは三日前のことだった。

「これって、ど、どういうこと？」

冴子はそう言うのが精一杯で、しばらくは声もなかった。

もともと勘は鋭いほうだから、瞬時に「引き抜かれた」と察知した。

いま、急速に勢力を拡大しているY社あたりか……。


「俺たち、新しい可能性を試してみたいんです。いろいろお世話になりました」

年かさの杉本が硬い表情でそう言ったきり、後の二人は黙ってうつむいていた。

一〇年近く苦楽をともにして頑張ってきた「戦友」なのに、そんなありきたりな挨拶でサヨナラなんて、あんまりじゃないの！ 何かほかに言うセリフはないの！

いつもの調子でそう怒鳴りたかったが、全身から力が抜けていくのがわかった。

あまりのショックに頭が真っ白になり、何も考えられなかった。

三人とも優秀なプランナーだった。

自分が育てた……と自負する部分もあるが、ほとんどが彼らの才能だった。

発想力、時代感覚、センス、粘り強さ……若いのにどれも一流で、彼らに支えられていまの自分の立場があった……と冴子は正直に思った。

いまの会社の何が不満だったのか、上司の自分に何が足らなかったのか……。

改めて自分を問い詰めてみると、思い当たる節がないではなかった。

三カ月ほど前の企画会議の席だった。

春のブライダル・シーズンに向けて、最後の追い込みの時期だったが、今年に限ってなかなかコンセプトが固まらず、月刊のブライダル雑誌への広告や代理店を通じたイベント告知は、もう待ったなしの段階で、責任者である冴子は焦っていた。

外部の打ち合わせをすませ、途中から会議に参加した冴子は、昨日からまったく進展を見せない堂々巡りの議論に苛立った。

「ねえ、いい加減にまとめてちょうだい。いつまで議論しててもキリがないわ」

「まとめろと言われれば、まとめますが……」

「だって、大方の議論は出尽くしたんでしょう？」

冴子の言葉に、杉本は明らかに不満の表情を示した。

それにつられたわけでもないだろうが、宮村亮太も和多田達郎も次々に口を開いた。

「橋本さん、でも、アイデアってそんなものじゃないでしょう。ハイ、ここまでよって、事務的に締め切られても、その後にひらめくこともあるわけだし」

「そうですよ。最近は企画会議も段々と事務的になって、昔みたいに夜を徹して議論をするってこともなくなって……いいんですかねえ、これで？」

「ちょっと、駄々っ子みたいな言い草はやめてよ。学生の青臭い芸術論じゃないんだから、みんなプロなんでしょ。やりたいことと、やるべきことのバランスをとって、ちゃんとビジネスをしようよ、ビジネスを！」


そんな言い方で議論を封じたのだったが、やはり一抹《いちまつ》の悔いは残った。

その後、春企画のコンセプト・ワークが何とか終わり、一息ついた流れでいつものように、ホテルのバーでスタッフが集ったのだが……。

杉本のいつになく諦観《ていかん》したような表情が気になった。

「最近、会社の雰囲気、ちょっと変わったんじゃないでしょうかねえ」

「どういうこと？」

「昔のようなギラギラしたところがなくなって、妙に安定しているっていうのか」

「この間の議論の蒸し返し？」

「ああ、もちろん、あれも一つですけど」


杉本の不満は、組織の風通しの悪さにあるようだった。

賃貸マンションの一室からスタートした「ブライダル・エッジ」は、スタッフの一体感と意思疎通の速さが、会社の成長力の源泉だった。しかしここ数年、規模が大きくなってオフィスは無数に分散し、部門が違うと社員同士が顔を合わせない日が、何日も続く状態だった。

当然、一体感も意思疎通も希薄になる。


「少数精鋭集団で日本一を目指す……ってのが社長の口癖だったでしょ」

「そうそう。スケールメリットを追いかけ始めたときから、企業は堕落するって」

「適正規模を守るって言ってたのに、最近の拡大路線とは矛盾するよなあ」

「また、どこかを買収するらしいし……」

不満を口にしながらも、三人はいずれも畑崎のカリスマ性に憧れてついてきた、根っからの「畑崎チルドレン」だった。それだけによけいに問題かもしれない。

冴子自身も、最近の「エッジ」の際限ない拡大戦略には疑問を覚える点もあったし、近々三人を交えて畑崎と話し合う必要があるな……と思った。

「組織が大きくなるって、そういうことでしょ。人間は環境の動物だから、その中でモチベーションを維持するのは大変だけど、成長自体は悪いことではないわよ」

冴子がそうとりなしても、三人に納得した様子はなかった。


いまにして思えば、あれが「予兆」だったかもしれないが、彼らの「不満」にちゃんと正面から向き合わなかった自分の鈍感さに、冴子は忸怩《じくじ》たる思いだった。

結局、彼ら三人の辞表に呼応するように、関西のプランナーが二名、ベテランの営業が一名、結婚式場の店長三名も辞めた。大打撃だった。

仕事先のハワイから帰国して報告を聞いた社長の畑崎は、意外なほど淡々としていた。

「結局、俺にも、上司のお前にも魅力がなかったということかなあ……」

「うちも引き抜きましょう！　心当たりが二〜三人います」

「そういう美意識のないやり方だけはやめろ。現状のスタッフで乗りきるしかない」

そう言われても、三人に匹敵する人材は皆無だった。匹敵どころか半人前ばかり。

六月のジューン・ブライド・シーズンを目前に控え、企画やアイデアの仕上げの時期なのに、いったいどうすればいいのか……正直、冴子は全身から血の引く思いだった。

問1 ブライダル・エッジが魅力を失った原因は何でしょうか。それは不可避のものだったのでしょうか。

抜けるような青空に、勢いよく鳩が飛び去っていく。

色とりどりの薔薇が咲くイングリッシュ・ガーデンでは、参列者が歓声を上げながら新郎新婦に祝福のライスシャワーを浴びせる。

その真ん中で満面の笑みをふりまく新郎新婦。結婚式のイベントとしては、決して新しいサービスではないが、新郎新婦の幸せそうな表情を見ると、このビジネスを選んでよかったと、冴子はいつもしみじみと思うのである。

港を見下ろす山手に新しくオープンしたハウス・ウエディング結婚式場「神戸迎賓館」。最近は忙しさにかまけて、実際の結婚式を見学する機会はめったになかったが、久しぶりに息抜きを兼ねて、旧友のいる神戸に出かけた。

三人の退職騒ぎ以後、冴子は教育担当として、連日、夜七時近くまで新人研修に追われていたが、正直、成果ははかばかしくなかった。かなりの費用をかけて募集を打ち、二〇名を採用したにもかかわらず、三カ月も経たない時点で六名が脱落した。

もちろん、残った新人のうち、一名でも二名でも将来性のある人材が見つかればいいのだが、今回の新人に関しては、その「萌芽」さえない現状。どうしたらいいのか……。

暗澹《あんたん》たる気持ちになる冴子の耳に、突然、そんな思いを打ち破るような奇声が……。


「橋本さん、橋本部長、お元気でしたかァ！」

甲《かん》高い声に振り向くと、神戸の新店長・本田優（三二）が小太りの体をゆすりながら、懸命にこちらに向かって走ってくる。例によって額には大粒の汗が光っている。

忘れられない顔だった。

本田優は八年前の入社で、冴子が研修を担当したが、とにかく出来が悪く、何度サジを投げそうになったかしれなかった。実際、退職をすすめたこともあった。

関西弁で言う「ドン臭い」男の典型で、何をやらせても遅いし、のみこみも悪かった。

しかし、不思議に仲間には愛された。とにかく何に対しても一生懸命で、決して諦めないその根性には、仲間はもちろん、冴子でさえも一目置くほどだった。

ドン臭いくせに妙に手先は器用で、研修の休み時間には得意の手品で皆を唸らせた。

そして、いざ現場に配属されると、予想外の見事な活躍ぶり。

二年前に東京から伊丹店に転勤すると、従来の営業成績を倍増する成果を上げ、今回、神戸店のオープンに際して、同期で最初に店長に抜擢されたのだった。


「橋本部長……いや失礼しました、橋本取締役!」

「別に部長でいいわよ。ちょっとあなた、また太ったんじゃない?」

「はあ、ストレス太りというやつでして」

「アハハ……でも、店長就任、本当におめでとう! あの同期の中で、まさかあなたがトップで店長になるなんて、さすがに研修担当の私も見抜けなかったわ」

「ボクもビックリしました、ハイ！」

その日、旧友から突然の残業で九時近くまで社を出られないと連絡があり、時間をつぶすために、本田優を誘って三宮のステーキハウスに入った。

四〇〇グラムのサーロインをペロリと平らげる、彼の相変わらずの健啖家《けんたんか》ぶりに呆れながらも、冴子はその表情や仕草に、以前にはなかった逞《たくま》しさを見ていた。


「お店のほう、うまくいっているの？　売上はまあまあみたいだけど……」

「大丈夫です、売上は必ず上がってきます。心配ありません」

「へえ、ずいぶん自信をつけたわねえ！」

「それより部長、いや取締役……最近、ボク、開眼したんですよ」

「カイガンって、眼が開くこと？」

「ええ。今度の神戸の店、実はオープン当初は散々だったんです。いきなり三人も辞めるし、社員とバイトの間でトラブルは起きるし、客のクレームも多くて……」

「へえ、そんなに大変だったの」

「どうしようと真剣に悩んじゃって……何かを変えなくちゃいけない、このままじゃ大変なことになるって、毎晩、悩んで寝ずに考えて、それで……開眼したんです」

「な、何に開眼したのよ！　ね、もったいぶらないで早く教えなさい！」

「結局、一番手っ取り早くて安上がりなのは、自分が変わることだと気づいたんです。とにかく人を怒らない、徹底してほめる、そして何でも自分が率先してやる。とにかくその三つを徹底的に実行してみようと……」

「そ、それで？」

「店の雰囲気がガラリと変わりました。笑顔が出る、トゲトゲしたところがなくなる、誰もが我れ先に仕事をする、したがってクレームもなくなる……まるで手品みたいで」

「アハハ……手品かあ。まさに本田マジックね」

「部長、いや取締役！」

「もう、いいから、それは」

「結局、自分が変わらないと、何も変わらないんですよねぇ。逆に言えば、自分が変われば、周りも変わる……これってすべてに通じませんか？」

「へえ、あの本田優がそんなことを考えるようになったなんて……あんたは偉い！」

「ステーキ、もう一枚いいですか？」

翌日、帰りの新幹線の中でも冴子は本田優の、屈託のない笑顔を思い出していた。

彼の「愚直さ」に驚かされたことは、これまでに何度もあったけれど、結局、こういうタイプの人間が確実に成長し、確実に人の心をつかみ、確実に仕事の幅も広げていく。しかも楽しみながら……。

それに比べて……と決まって冴子は思う。

本田優に比べて、自分は成長しているのだろうか？　いまも、仕事を楽しんでいるだろうか？　相当負けているのではなかろうか？

そして、最近は怒るばかりで、人をほめた記憶がないのに気づき、愕然とした。

関西からの帰途、久しぶりに横浜の実家に父を訪ねた。

母が亡くなって以来、冴子は何度となく同居を申し出るのだが、父は頑として聞かない。

好きな司馬遼太郎と盆栽いじりの、まさに「晴耕雨読」の日々。

関西土産の冷凍タコヤキをレンジにかけて、お茶にした。

「なんかあったのか？」

「ん……どうして？」

「お前が口数が少ないときは、何かに悩んでいるときだからな」

「もう、わかったようなこと言わないでよ！」

「誰か悪い男にでも捕まったか？　この際、どんな悪党でもいいけどなあ」

「もう、お父さん！」


父の挑発にのって、結局、すべてを喋っていた。

信頼していた部下に辞められたこと、新人研修の手ごたえのなさ、深刻な人材不足……。

父は冴子の愚痴を黙って聞いていた。

冴子は喋ったことで気持ちがスッキリし、最終電車で東京に帰ることにした。


「ねえ、本気で考えてよ、同居のこと」

「毎日、そんな愚痴を聞かされちゃ、早死にしてしまうからな」

「もう、可愛げがない頑固ジジイ！」

「冴子……」

「え……」

「お前自身が心の底から仕事を楽しむことだよ。そうすれば自然と人はついてくる」

造船会社の中間管理職としてつとめ上げた、父のささやかなアドバイスだった。

こぼれそうになる涙をこらえながら、冴子は星空の道を駅へと急いだ。

問2 なぜ本田君は、橋本さんの予想を上回る結果を残してきたのでしょうか。

新人研修のメンバーから、さらに二人が脱落した。

しかし、冴子はいままでのように、いたずらに落胆することはなくなっていた。

結局、新人研修で満足な成果を挙げられるか挙げられないかは、自分自身の成長力が問われているわけで、脱落した新人を責めるのはまったくのお門違いだった。

結果はどうあれ、目の前の使命に全力を挙げるしかなかった。

それも従来とは違う、新しい自分のやり方で……。


「ＯＫ！　ベリーグッド！　いまの答えはよかったわねえ！」

「え……そ、そうですか？」

「もちろん、それがそのままプロの仕事につながるほど甘くはないけど、そういう常識にとらわれない、極端なことを言えば、常識を否定するような斬新なアイデアこそが新しいビジネスを生むのよ。その点で、いまのアイデアは八〇点！」

「あ、ありがとうございます、あ、あの……」

「何？」

「なんかあったんですか？」

「どうして」

「なんか、いままでとはずいぶん違うから、どうしたのかなあって」

「別にないわよ！　さあ、次の課題いくわよ！」

元来、人をほめることに慣れていないから、ぎこちなくなるのは仕方がなかった。

何も知らない研修生たちは、冴子の突然の変身をいぶかしみ、警戒し、時には恐怖の表情さえ浮かべた。「体の調子でも悪いのか」と真顔で聞く役員もいた。

しかし、冴子の念頭にあるのはあくまでも、あの本田優の笑顔だった。

自分とは比べものにならない、あの無限の「成長力」を秘めた若者に負けたくない。少しでもあの「愚直さ」を学びたい。そして仕事を本気で楽しもうと、冴子は真剣に考えていた。

その本田優が店長をつとめる「神戸迎賓館」が、今月、全国四一カ所の結婚式場で売上トップを記録したという報告を、冴子は誰よりも嬉しく聞いた。


まさか、そんな「変身」の効果がたちまち現れたわけでもないのだろうが……。

冴子自身にも思いがけぬ「嬉しい事件」が発生した。

以前から社内で働いていた派遣社員とアルバイトの三人が、正社員として企画運営部で働きたいと申し出てきたのだ。そんな前例はなかった。

「企画の仕事をやらせてください」

「前から夢だったんです。死に物狂いでやりますから」

「橋本さんの下で働きたいんです」

企画の派遣社員・立花良子と南出さおり、営業のアルバイト、光永凌だった。学歴やスキルを考えると、とても戦力になるとは思えなかったが、冴子にはその気持ちが何よりも嬉しかった。前例がないだけに、人事部長は難色を示すだろうが、冴子が頼めばイヤとは言わないはずだった。

優秀なプランナーだったあの三人と、派遣社員とアルバイトあがりの三人。実力で言えば、とても比べようもないが、あの本田優の例もある。どこでどう化けるかわからない、文句なく若さにはそれだけの可能性がある。

「私もそろそろ人を育てることを覚えないと。そんな苦労もしてみないと……」

その可能性を育ててみようと、冴子は思った。

一方で、チームとしてもっともっと高い目標を掲げ、常にチャレンジしていれば、あの三人も辞めなかったのではないか……。自分は、本当に彼らの能力を引き出す環境をつくっていたのだろうか？　同時に、そんな自問をした冴子であった。


社長の畑崎浩平から「ハワイ進出」プランを打ち明けられたのは、その夜だった。

瞬時に、無謀だと思った。


結婚式場の建設は定期借地権の活用とファンド形式の資金調達で、いまのところ順調だが将来、金利負担は確実に増えてくる。しかも、結婚式ビジネスに逆風が吹くなかでの海外進出は、どう考えても無謀に思われた。


「派遣社員とアルバイトに入れ込むのも、結構、無謀といえば無謀だぞ」

「社長、それとこれとは……」

「一〇年前は、気後れすることなく、ずいぶん無謀なビジネスをやってたじゃないか」

「でも、あの頃とは時代が……」

「なあ橋本、あの頃のギラギラした野心や夢をもう一度取り戻そうじゃないか。あの三人が辞めた理由を俺なりにいろいろ考えた。結局、会社に魅力がなくなっていたんだ」

「悔しいけど、そう思います」

「俺は会社を大きくしようと思ったことは一度もないよ。拡大路線も夢を模索しているだけだ。それで皆のモチベーションが下がるなら、思いきって整理してもいい」

「本当ですか？」

「組織に躍動感を取り戻すには攻めるしかない。な、もう一度、苦労してくれ」

ああ、また始まるのか……冴子は畑崎の少年のような目の輝きに魅せられながら、興奮と諦めがないまぜになった、不思議な昂《たか》ぶりを感じていた。

問3 メンバーがさらに成長するために、橋本さんは何をすべきでしょう。

第4章の要点

リーダーの仕事の第四ステップは、人・組織をつくるということです。個々人のスキルや意欲を最大限に高めると同時に、よき組織文化の醸成・維持につとめなくてはなりません。

そのためのカギは、「互いに学び合う風土づくり」、「協働重視と議論・挑戦の奨励」、そして「現状打破、組織の飛躍」です。

重要なシーン

本ケースで注目いただきたいのは、以下のシーンです。

プロセスで見るリーダー行動（リーダー・ウェイ）

① 目標・ゴールを明確に打ち出し、関係者を巻き込む

② 関係者を巻き込み、実行計画を具体化する

③ 粘り強く実行し、成果を出す

④ 人材を育成し、組織文化を創る

①「組織の膨張」に対する若手の不満

最初のシーンは杉本君らとの飲み会の場です。会社の単なる膨張（量的成長）をよしとし、新しいことに挑戦しない橋本さんの姿勢が見てとれます。こうした姿勢は、本人が思う以上に周りに伝わるものです。

こうした上司の様子を見たときの部下の反応は大きく二つです。一つ目は、部下らも安住してしまい、それが組織の末端にまで伝わってしまう……こうなると、その組織から新しい事業が生まれるのはきわめて難しくなります。

もう一つの反応は、その上司を見限って、新しい機会を求めるというものです。機会を社内に求めるぶんにはまだましかもしれませんが、それが外部、特に競合となってしまうと、組織へのダメージは非常に大きくなります。

②いつしか忘れかけていた「仕事を楽しむ」ということ

本田君と会った後の橋本さんの態度・行動の変化も注目すべきポイントです。必要に迫られてという側面はあったものの、橋本さんはここで人間の可能性の大きさに気づくと同時に、自分が仕事を楽しむという何より大切なことを忘れかけていたことに気づきました。

そして、父との対話によって、自分の心情をズバリと言い当てられ、初心に帰る決意、自らを変化させる決意をしました。

重要な行動要件

人・組織づくりに関する重要な行動要件を整理しておきましょう。そのうえで、先のケースの重要シーンについて振り返っていくことにします。

①互いに学び合う風土づくり

互いに学び合う組織では人が育ちます。ただ、それは単に先輩が後輩の面倒を見るといった表面的な活動に限定されるものではありません。

成功した経験からは、なぜうまくいったのか、そこから学べることはないか、ほかで活かせることはないか、などを関係者とともに振り返り、組織的学習を徹底することが、成果を再現する力を高めます。

逆に、失敗から学ぶ姿勢を持つことも非常に重要です。一〇〇％すべてが成功することはあり得ません。同じ失敗を繰り返さないようにすることは、組織の生産性向上に非常に大きな意味を持ちます。

これらの取り組みを通じて仕組みとして定着（標準化）させられると、他部門への横展開や次の改善も容易になります。こうした文化やプロセスを、当たり前のこととして根づかせることもリーダーの責務なのです。

その際、リーダーは以下のような行動を自らとり、また推奨することが期待されます。

・個人のミスに焦点を当てた責任追及よりも、構造的な問題把握に努める。分析的に問題に向き合い、問題の再発生を防止する対策を講じる

・自らの失敗も率直に認め、見たくない厳しい現実も直視するなど、常に問題が視《み》える（情報が淀まない）状態をつくることに率先して努める

ところで、成功の共有には、組織や個人のスキル向上以上の意味もあります。それは喜びや

自信、健全な競争意識の拡大です。過度な称賛は逆効果ですが、組織全体の勢いを高め、健全な競争心を駆り立てることもリーダーの役割と言えるでしょう。

■個々人の育成

個々人の育成に関しては、振り返りのコミュニケーションの手順を工夫して、相手の学びと成長したという実感を深める必要があります。

効果的な振り返り方法は、本人自身に最初に自己評価をさせることです。多くの人は、自己評価を発言した後に、他者評価を聞くことで、自己防衛的にならず素直に受け入れやすくなるものです。私自身は、以下のようなコミュニケーションの手順をしっかり踏みながら、学びのプロセスを設計していくよう心がけています。

・メンバーに自己評価（よい点、改善点）を考えさせ、言わせる
・メンバーの苦労、喜びに共感を示し、認める
・よかった点、改善が必要な点を事実に基づき、具体的かつ的確に指摘する。その際に（あらかじめ共有してある）評価の基準と照らし合わせるなど相手の納得感に配慮する

・何が悪いかというスタンスではなく、どうすればよいかの視点で考え、フォローする。よい悪いだけの指摘は評論であって育成につながらない

なお、本人のキャリアにも関わる重要な学びについては、実際に書き出してみることが有効です。頭の中にあるものを言語化するという営みは、気づきと記憶の歩留りを飛躍的に高めるからです。

本ケースでは、橋本さんは本田君の予想以上の成長を目の当たりにし、改めて人間の可能性というものを再確認しました。逆に言えば、それまでは多忙な日常に追われ、人を育てるという意識が弱かったのです。

リーダーのこうした意識は当然メンバーに伝わりますから、組織文化全体が、「人を育てる」という方向に向かなくなってしまいます。これでは、「人が育たない」→「人を育てる文化が伝承されない」→「人が育たない」の悪循環となってしまいます。忙しくても、いや忙しいからこそ、人を育てることに意識を向け、同時に人を育てる文化（もともと、ブライダル・エッジ社にはあった文化です）を守ることが、リーダーである橋本さんには必要だったのです。

COLUMN

格言集

「人間の可能性の限界は、すなわちその人の空想力の限界である」——飯田亮[注1]

②協働重視と議論・挑戦の奨励

ここで言う協働は、いわゆるチームプレーにとどまるものではありません。チームプレーで対応することによってうっかりミスを防いだり、一人ではこなしきれないタスクを行うなども大事なことですが、知識社会にふさわしい協働を考えてみたいと思います。

■知の創出、形式知化、横展開

私が強調したいのは、積極的な議論や対話に基づいた、①知の創出や、②暗黙知の形式知化、そしてその結果としての知・ノウハウの横展開における協働の推奨です。

①知の創出の例としては、本田技研工業の「ワイガヤ」と呼ばれる活気に満ちた議論や、ス

リーエム（3M）における他部門との積極的な交流の支援（研究者集団を結びつけていた個人的ネットワークの活力を会社として維持するために、技術フォーラムなどを設けた）などがあります。こうしたなかからアイデアがどんどん生まれ、新しい商品に育っていきます。

②暗黙知の形式知化の例としては、昔ながらのTQC（全社的品質管理）の取り組みが挙げられるでしょう。TQCでは、現場のスタッフが議論を通じて、品質改善や歩留り改善の属人的な取り組みを、組織の知へと結晶させていきます。このとき、「視える化」やドキュメント化の推進は、ますます形式知化を促進します。

議論や対話の増加は、おのずと挑戦する組織文化にもつながっていきます。これは、シンプルに競争心があおられることに加え、さまざまな外からの刺激や新しいアイデアのインプットが、人間の内に存在する挑戦心を駆り立てるからだと思います。

■ガバナンス効果の醸成

協働の精神の重視、そして議論や対話の奨励は、他の部門に対する理解促進や、自分たちの取り組みが適切に行われているかどうかについて客観的な視点を持ちやすいといった効果もあります。言い換えれば、ガバナンス効果が生まれるということです。

さまざまな企業の方から最近よく聞くのは、取締役会が機能不全に陥っていることです。その大きな原因は、協働精神の欠如と、それに伴う縄張り意識にあるように感じています。「他人の部門に口を挟むのを遠慮する」という態度は、一見謙虚なように見えて、マネジメント・チーム・メンバーとしての役割を放棄していることにほかなりません。また、そうした物言いの裏側には「だからうちのことにも口出ししないでくれ」という意識が透けて見えます。

これでは強い組織にはなりません。第1章の四三ページでも紹介したキヤノンの朝会などを通じた取り組みは、こうした陥穽を打破するための施策と言えるでしょう。

これは、取締役会に限った話ではありません。議論を活発にし、組織に刺激を与えるとともに、客観的な視点を導入することが現代の組織には求められているのです。

本ケースでは、せっかく議論が熱を帯びてきたところで、橋本さんがその議論に水を差すようなことを言ってしまいました。もちろん、生産性の低いダラダラとした議論は批判されるべきですが、ブレークスルーを生むかもしれない議論まで遮《さえぎ》っては、質的な成長は望めません。量的成長を果たすことも大事ではありますが、それ以上に質的な成長を果たすこと、そしてそのための議論や挑戦を奨励することが、橋本さんには必要だったのです。

③現状打破・組織の飛躍

変化の速い現代の経営環境において、現状を維持し続けることは、組織の成長につながるどころか衰退を招きかねません。現状を打破し、新しい飛躍、ブレークスルーをもたらすことが必要です。

そのためには第3章一五八ページで紹介したように、安易なトレードオフに逃げることを戒め、二兎を追うことを奨励するなどのリーダーからの働きかけが必要となります。私が実践している取り組みを、いくつかご紹介しましょう。

■前提をずらし思考を揺さぶる質問をする

たとえば、「もし納期をいまの二カ月から一週間に短縮しなければならないとしたら、どうする?」「コストを八〇%下げなくてはならないとしたら、どうする?」といった極端な条件を交えた質問を投げかけます。これによって現在、暗黙に置いている前提を疑い、ブレークスルーの可能性を探るのです。

このとき、たとえば「コストを二〇%下げなくてはならないとしたら」では意味がありません。このレベルであればブレークスルーがなくとも、改善の積み重ねでできてしまう可能性が高いからです。改善の積み重ねでは無理と思われる条件を与えることで思考にゆさぶりをかけることが重要です（もちろん、絶え間なく改善を図ることも根づかせたい文化であり、そのための問いかけは必要です）。

■新しいことをやることに価値を置く

「何が新しいの？」「去年と何が変わったの？」という質問を日常的に投げかけることも、常に変わらなくてはならないという意識を植えつけるうえで有効です。年頭の部下に対する個人面談では、私は「できるだけ、昨年とは違うことをやれ」と言うようにしています。

3Mは、有名な三〇％ルール（売上の三〇％は、最近四年間に発売された製品で上げるようにする）を設けることで、新しい商品開発に積極的に取り組むことを公式に促しています。

それまでとは違う取り組みをしているスタッフや、よい意味での「はみ出しタイプ」のスタッフに注目し、結果が出たらしっかり皆に伝わるようほめてあげることも有効でしょう。

■周囲から期待の眼差しを向けさせる

人間には、周りからの視線や期待によって成長するという側面があります。そこで、飛躍感のあるビジョンやゴール・イメージを他部署（場合によっては顧客や外部の関係者も含む）に伝え、外側からの期待を高めることで、自分の直接の配下のスタッフの成長を促すというやり方もあります。よい意味でのプレッシャーと期待の眼差しを周囲から向けさせるわけです。

■「変わること」を意識させ、コミットさせる

「あなたは成長したいですか？」と問いかければ、ほとんどの人はイエスと答えるでしょう。では成長するとは結局、何なのでしょう。成長するとは、新しい知識やノウハウを学んで（ラーン）自分の知識体系に付加するだけではありません。成長とは、変わることでもあります。これまでの成功体験を捨て（アンラーン）、新しい時代を切り開き、勝ち抜けるスキルやメンタリティを持てて初めて、成長したと言えるのです。

私は、そうしたことを説明したうえで、こう続けます。「あなたはさっき成長したいと言った。それはつまり、変わりたいと言ったということだ。自分で言った以上、あなたは変わることにコミットするよね」。

なんだか騙しているように感じられた方もいるかもしれませんが、実際、このように伝えることで、多くの人は、変わること、変えることに意識を向けていくのです。

なお、こうした現状打破に向けた挑戦を鼓舞するためには、それに見合った評価の仕組みを準備することも必要です。リスクをとって結果を出した人間を厚く遇することはもちろんのこと、仮に失敗したとしても価値のある失敗であれば人事考課上マイナスにはしない、あるいは敗者復活を許すなど、公正（フェアネス）を担保したうえで、ある程度は安心してリスクに立ち向かえる仕組みを持っておくことが必要と感じます。

COLUMN

格言集

「追い詰められた場所にこそ、大きな飛躍があるのだ」――羽生善治[注2]

「私たち皆にとって最大の危機は、高きを目指し失敗することではなく低きを目指して達成することである」――ミケランジェロ

リーダーとして一皮むけるための気構え

本ケースでは、結局、橋本さんはリーダーとしてどこが一皮むけたのでしょうか。

注目されるのは、リーダーである橋本さんが、仕事を楽しむというメンタリティを忘れかけていたことに気づいた点です。

組織のリーダーは、職責に基づく使命に忠実です。責任感で自らを鼓舞、あるいは牽引しているケースが多々見受けられます。私が研修でお目にかかる大手企業の優秀な皆さんも、「これまでの自分を牽引してきたのは、使命感（SHOULD）ですか、それとも想い（WILL）の強さですか？」の質問には、八割方がSHOULDと答えます。もちろん「あえてどちらか」と聞いているので、もっと多くの方が「思い」を持っているのは間違いはないですが、これが一般的な傾向なのです。

しかし、メンバーを引っ張る立場のリーダーに思いや仕事を楽しむ意識が感じられなければ、誰もついて行きたいとは思わなくなるでしょう。

リーダーに求められる仕事を楽しむマインドについては、第5章で再び述べます。

ここで、関連する組織管理論、あるいはリーダーシップ論について簡単に紹介しておきましょう。

3 Theory

組織学習

組織学習は、もともとハーバード大学のクリス・アージリスによって提唱されました。アージリスは、従業員が所与の課題について対処するのではなく、前提自体を修正していく学習が競争優位を生み出すと指摘したのです。

前者のような対応を「シングルループ・ラーニング」、後者のような対応を「ダブルループ・ラーニング」と言います。両者の差異は、目標や前提自体を変えるか否かということです。昨今の環境変化に鑑みると、既存の目標や前提を所与としたシングルループ・ラーニングには限界があることは言うまでもないでしょう。単に過去から学ぶ以上の学習が組織には求められるのです。

組織学習の研究をさらに進め、世界的ベストセラー『最強組織の法則』[注3]（原題：The Fifth Discipline）を著したのが、アージリスの弟子であり、マサチューセッツ工科大学教授のピーター・センゲです。

組織学習のための五つの法則（ディシプリン）

センゲは効果的な組織学習のためには、以下の五つが不可欠と唱えています。五つの中でも特にシステム思考を、他の四つを統合する「第五のディシプリン」としています。

■システム思考

システム思考とは、簡単に言えば「木だけではなく森も見る思考」「高い視座、多様な視点から全体像を見る思考」です。詳しくは『最強組織の法則』第3章、「ビール・ゲーム」と呼ばれるシミュレーション・ゲームの箇所を参照ください。ビール・ゲームは、各人が、手持ちの情報の中で最大限の努力をしているにもかかわらず、全体像が見えないがゆえに部分最適になってしまい、組織全体としては好ましくない方向にどんどん進んでしまうという事例です。どれだけ知的レベルが高い被験者でも、このゲームではどんどん間違った方向に突き進んでしまうという事実に、組織運営の難しさが顕著に現れています。

■自己マスタリー（自己実現と自己研鑽）

自らのビジョンや欲求が何であるか探り続けると同時に、現状を的確に見極めることによって両者のギャップを認識し、ビジョンや欲求の実現に向けて行動することです。

■メンタルモデルの克服

メンタルモデルとは、物事の見方や行動に、大きく影響を与える固定概念や暗黙の前提のことです。自社や競合、市場に対して、組織で共有しているメンタルモデルを認識し、それを打破するための取り組みが求められます。

■共有ビジョンの構築

各個人のビジョンから共有されたビジョンを導くことにより、お題目ではなく、組織の構成員が心底望む将来像を構築することです。

■チーム学習

学習の基礎単位は個人ではなく、チームです。構成員間のダイアローグ（対話）を通して、複雑な問題を探求することにより、個人で考えるときよりも優れた解決方法の発見につながります。

第5章

リーダーの責任

真の自立に向けて

リーダーに求められる
気構え、意識、姿勢

会社
(株)日本産業銀行

昭和27年、長期資金の安定供給を目的に設立。戦後日本の「産業育成」に大きな役割を担う。独自の「金融債」を発行し、企業の設備投資や地域開発など、長期の融資を専門に行う。一般には「産銀」の愛称で親しまれる。その後、企業の資金需要が低下し、企業そのものの信用力が向上した1980年代以降は、ノンバンクを通じた融資活動や、不動産・流通・建設のいわゆる三業種への融資に傾斜し、膨大な不良債権の山を築く。1998年10月に経営破綻。当時の社員はおよそ4000人。

主人公
高杉 隆太郎(46)

経営破綻時は38歳。妻と一人息子の３人暮らし。札幌市生まれ。北海道大学経済学部卒業後、日本産業銀行に入社。日露戦争の戦費調達に外債を発行、日本の財政政策の基礎を築きながら二・二六事件で殺害された宰相・高橋是清の生き方に感銘。自らも「金融」を通じて社会に貢献したいと銀行への就職を決める。産銀入行後はさまざまな部署と業務を担当し、数多くの先輩・同僚に恵まれる。責任感の強い熱血漢で、部下からついたあだ名は「軍曹」。産銀が経営破綻したときは、関連の信託銀行の営業部長だった。

背景

戦後、重工業への融資を通して日本の経済発展に大きな貢献を果たした産銀だが、他の銀行と同様、バブル期の不動産投資に失敗。1990年代にはその不良債権と系列ノンバンクの負債処理に追われる。98年、浪速銀行との統合に活路を求めるが、経営悪化によって破談。これによって経営破綻に追い込まれ、ＲＣＣ(預金保険機構)が0円で株式を強制取得し、特別危機管理銀行＝国有化となる。

経営破綻！　高杉部長の起死回生

ゆっくりとしたテイクバックから、ドライバーをフルスイングするとボールは低い弾道から一気に加速し、ピンに向かって真っ直ぐに……。

と思った瞬間、途中から急激に右にスライスし、ラフの向こうの崖に消えた。

「オイオイ、いきなりOBかよ」

「練習のしすぎじゃないのか」

「会社もゴルフも、軌道を外れたら仕舞いだぞ」

一瞬、森林と西口が凍りついたような表情で福島をにらんだ。

「え……冗談だよ冗談！　そんなにナーバスになるなよ！」

「まったくお前って奴はどうしてそうなんだ」

「昔から無神経すぎるんだ。それでよくカスタマー部長がつとまるな」

「高杉、スマン。別に深い意味はないんだ」

正直、高杉は小さく傷ついたが、笑ってすませた。

年に一回、東京にいる大学の同期が集って楽しむ親睦《しんぼく》ゴルフ。

幹事の西口が気を回して、今年は中止にしようかと問い合わせてきたが、高杉はあえて開催を主張した。変な同情はイヤだったし、気晴らしにもなると思った。

産銀の「破綻《はたん》」が不可避なのは、連日のマスコミ報道で世間に知れ渡っていた。

実際、社内にいても、抗《あらが》いようのない大きな「うねり」を肌で感じていた。

気がつかない間に、櫛の歯が抜けるように社員は辞めていたし、集まれば必ず口をついて出た上層部批判もめっきり聞かれなくなった。社内に「諦め」が支配し始めていた。

確かに、そんなときにゴルフどころではなく、出がけに妻が「大丈夫なの？」と怪訝《けげん》な顔をしたのも無理はなかった。スコアでもよければ気晴らしになったが、一番ホールでOBを叩いた動揺が最後まで尾を引いたのか、スコアは散々の出来だった。

「やっぱりゴルフってのはメンタルなスポーツだなあ……」

「ハハ……ま、今日はそういうことにしておこう」

「で、どうなんだ、銀行のほうは？」

ビールで顔を真っ赤にした森林が口を開くと、話題はやはり産銀に集中した。

「どうもこうも……上からの指示が一切なくなった。静かなもんさ」

「不良債権の処理に奔走《ほんそう》してるわけか。さしずめ嵐の前の静けさってところだな」

「しかし、もうどうにもならんだろ、ここまで来たら。無駄なあがきだ」

「なんでノンバンクにあそこまで貸し込んだんだ。どう考えても異常としか思えんな」

高杉はいちいち反論する気はなかったが、これまで散々、世間から批判を浴びてきたうえに大学時代の仲間にまで非難がましいことを言われて、さすがに苛立ちを抑えられなかった。

「わかってたさ。飛ばしも何もみんな薄々はわかってたさ。でも、俺たち中間管理職に何ができたって言うんだ。自分の銀行をつぶしたい人間なんて一人もいない！」

「怒るなよ。別にお前を非難しているわけじゃ……」

気まずい雰囲気が流れたが、それをとりなすように西口が高杉にビールをついだ。

「バブルだよ。みんなバブルのせいだ。日本中が儲けの幻想に踊らされた！　俺たちだって似たようなもんじゃないか。俺も森林も福島も……みんな明日はわが身だ」

その西口が再就職の話を持ってきたのは、ゴルフの一週間後だった。

通りを挟んだ喫茶店の窓からは、産銀の豪奢《ごうしゃ》なビルが目の前に見える。

バブル末期、大手町から移転してきたこの本店ビルは、その豪華さと奇抜なデザインで評判を呼んだが、いかにも地に足がつかない不安定なデザインだった。

「聞きしに勝るバブリーさだな。こんな無駄な金を使う余裕があったら……」

「まったくだ。風水的にもどうなんだか」

就職話は、西口が勤める大手物流会社と取引のある金融コンサルタント会社だった。

「そこの専務と仲がよくてな。お前のことを話したらぜひ会ってみたいと……」

「スマンな、いろいろ気を遣わせて」

「早いほうがいいんじゃないのか？　お前は義理固い人間だから、抵抗はあるかもしれんが先のない会社にしがみついていても仕方がないだろ。切り替えも大事だぞ」

「わかっているけど、まだそういう気になれないんだ。現実に、部下もいるしな」

「なんだ、沈没船の船長のつもりか？」

「そんなカッコイイ話じゃないさ。ただ踏ん切りがつかないだけなのかもしれん」

「まったく……お前らしいけど、時にはドライに決断することも必要だろ」

「それに……まだ完全に望みがなくなったわけじゃないんだ」

「浪速銀行との経営統合の話か？　ありゃ、まとまらないってもっぱらの噂だけど……」

高杉は相変わらず忙しかった。信用悪化による後ろ向きの仕事がほとんどとはいえ、忙しいことが何よりの救いだった。働くことが使命感なのか、それとも現実逃避なのか、自分でもよくわからなかった。

表面上はオフィスの雰囲気も普段と変わっていない。なかには事情を知らずに資産運用の相談にやって来る年輩の新規顧客もいて、そのときはさすがに複雑な思いだった。

結局、西口の再就職話は断った。断ったが……その瞬間、ふいに生じた「未練」の感情に高杉は思わず狼狽《ろうばい》した。明らかにゆれていた。

外回りから帰ると、部下の山崎と池辺から会議室に呼ばれた。差し出されたのは辞表だった。

池辺が辞めたがっているのは気づいていたが、山崎はちょっと意外だった。

「いろいろ面倒見てもらった部長には申し訳ないと思いますけど……」

「本来なら辞表は澤井本部長に出すのがスジですが、先週から出社しておられないので」

「もう決めたってことか？」

「え、ええ……」

「再考の余地はまったくないのか？」

「何を再考しろと言うんですか。このまま泥船に乗っていても仕方ないですから」

「産銀は泥船か？」

「そうでしょう。沈むのはもう時間の問題なんですから」

「自分たちが誇りを持って働いてきた銀行を、そんな風に呼ぶのはよせ」

「その銀行に裏切られたんじゃないですか、私たちは！」

「被害者意識しかないのか、お前は？　銀行員としての責任はどうなる」

「責任？」

「俺たちは裏切った側でもあるんだぞ。世間を裏切り、顧客や株主を裏切り、金融機関としての信頼を裏切った……その責任はどうなる？」

「それは上が勝手にやったことじゃないですか」

黙っていた山崎が、救いを求めるような目で言った。

「部長はどうされるつもりなんですか」

「俺は最後まで残る。可能性があるうちは努力しようと思う。銀行マンの責任としてな」

「わかりません、僕には。いったいどんな可能性があるんですか？」

高杉が一瞬、言葉につまると、池辺が呆れたような表情になった。

「部長は根っからの軍曹なんですね。負け戦がわかりきっているのに突撃しろって言うのと同じじゃないですか。いまどき、軍隊なんかついていけません」

「池辺さん、やめてください」

「銀行マンの責任って何です？　ここで残れば、そりゃカッコイイかもしれませんけど、じゃあ、部長は私たちの人生に責任を持ってくれるんですか！」

池辺の目には涙があった。高杉はそれ以上、何も言えなかった。

問1　高杉さんの態度をあなたはどう評価しますか。

庭には、妻が丹精した秋バラやコスモスが美しくゆれていた。

三年前にちょっと無理をして購入した自宅は、まだローンの大半が残っていたが、引っ越しを契機に本格的にガーデニングを始めた妻は、いまは庭づくりに夢中になっている。

もともと草花の類には無頓着な高杉も、そんなイキイキとした妻の姿を見るのはやはり嬉しく、四季折々に美しさを変える庭の草花は、いわば家庭の「平和」の象徴だった。

しかし……最近は、ふと不安がよぎる。

この平和を、妻が生きがいを注ぐこの庭や家を……守ってやれるだろうかと。

もともと高杉は、会社の愚痴や心配事を家庭には持ち込まないのが信条で、妻もほとんど聞いてくることがなかったのに、連日のマスコミ報道は、さすがに止めようがない。

産銀と浪速銀行の経営統合が破談に終わったことを伝えるテレビのニュースを、食い入るように見つめていた妻が心配顔で振り返った。

「つまり縁談が壊れたってこと?」

「ああ。世話になった仲人に強引に結婚を勧められたが、花嫁に途方もない借金があることがわかって、花婿がビビり、慌てて断ったという、情けない三文芝居だな」

「どうなるの、花嫁は?」

「借金がある限り、もう縁談は無理だろうな」

「借金はどうにかならないの？」

「残念ながら、もはや、どうにかなるような額じゃない」

深いため息をついた妻が、何を思ったか、つとめて明るい顔で言った。

「いざとなったら、私もパートで働くわよ」

「パート？」

「そう、お隣りの高田さんも、ご主人がリストラにあって、奥さんが先月から駅前のスーパーでパートを始めたの。私もそのくらいだったら……」

自分の仕事が原因で、気苦労をかける妻が不憫《ふびん》だった。

「どんなことになったって、お前と雄一ぐらいは俺が責任持って食べさせる。心配しなくていい！」

それは自分自身に言い聞かせる言葉でもあった。


また新たに三人の辞表を預かった。

二〇人いた部下はついに七人にまで減って、さすがにオフィスにも落魄《らくはく》の感が漂う。

もはや、辞めていく部下を引き止める論理も言葉もなかった。

「部長は私たちの人生に責任を持ってくれるんですか！」

池辺に言われた一言が、いまも臓腑《ぞうふ》をえぐられるように思い出される。

もとより他人の人生に責任を持つことなど、できようもないこととはわかっていても、辞めていく人間を慰留することさえできない、その最低限のやさしささえ通じない、過酷で非情な現実が、そこにはあった。


その三通の辞表と書類を抱えて、高杉は本店の人事部に向かった。

事務の女性社員も辞めてしまったため、すべて自分でやらなければならない。

手続きを終えて帰ろうとしたとき、奥の机に人事担当取締役の石神の姿が見えた。

高杉にとっては横浜支店時代の直接の上司で、結婚のときの仲人でもあった石神は、裏表のない率直な人柄で、誰よりも尊敬できる上司の一人だった。

久しぶりに見る石神の頭には、驚くほど白いものが増えていた。

「頭だけじゃなくて、最近は不整脈も出てボロボロだ。お前も大変だろう」

「いや、石神さんに比べたら私なんて……会社、どうなりますか？」

「ＲＣＣを通じての国有化の道筋はもう固まったようだ。あとはその受け皿のスキームづくりで、ひと月以内には結論は出るだろう」

「そうですか……」

「再就職、動いているのか？」

「いえ、まだ何となく踏ん切りがつかなくて」

「ハハ、お前らしいな。率直に言ってもいいか？」

「ええ」

「どのような体制になろうとも、関連会社や取引先に出向している人間が、銀行本体に帰る席は用意できないだろうな。自分で生きる道を探したほうがいい」


その夜、高杉は珍しく一人で遅くまで飲んだ。

新人時代から通い続けてきた神田の居酒屋のオヤジも、しばらく見ない間に自慢のもみあげにめっきり白いものが増えていたが、陽気な笑顔はそのままだった。

石神の言葉は自分に対する、心情あふれる「リストラ勧告」だったと、高杉は思う。

踏ん切りがつかず、ズルズルと「決断」を先延ばしにしている自分に、厳しい現実を明確に伝えてくれた。……その率直さが、石神ならではのやさしさだった。

「うまい！　ここのモツ焼きの味は変わらないなあ」

「世の中ドンドン変わっていくのに、こんなことでいいのかな、なんて思うけどさ」

「それがいいんじゃないか。何でも変わればいいってもんじゃないさ、世の中」

「高杉さんとこ、いろいろ大変みたいだけど、大丈夫なの？」

「大丈夫じゃないよ。今日、ハッキリと引導渡されてきた。来月からは失業保険」

「そうなの。ま、俺なんか女房にしょっちゅう引導渡されてるけどね」

そう言うなり、ビールが目の前にドンと置かれた。

「え……なに？」

「いろいろご苦労さんってことで、俺からのサービス！　ねぎらいビールだよ」

「いつからそんな人情サービス始めたんだよ」

「俺もいままでに何軒、店つぶしたことか。でも、まあ、生きてりゃ何とかなるもんよ。人生いろいろあらあな！」


お茶の水駅のホームの上空に、冴え冴えとした満月が出ていた。

最終電車を待ちながら、高杉は不意に悪寒にも似た身震いを覚えた。

銀行がつぶれる、どうすればいい、何に頼ればいい……初めて実感する恐怖だった。

これまで「銀行」という安全で巨大なシェルターに守られてきた、企業人としての自分の人生が、その生活が、まさしく音を立てて瓦解していく実感が襲ってきたのだった。

やはり家は売らなければならない……。

雄一の進学も高校までで諦めなくては……。

そんな絶望の中で、後悔と自己嫌悪が一気に胸に突き上げてきた。

いったい自分の銀行員としての矜持《きょうじ》は何だったのか……。

不良債権などの事実を知りながら、上層部批判を繰り返すばかりで、なぜ体を張ってでも体制を変えようとしなかったのか……。

辞めていく人間に、通りいっぺんの「責任感」や、根拠のない「可能性」を語りながら、ズルズルと自分自身の「決断」を先延ばしにしてきたのは、最後になれば誰かが何とかしてくれるかもしれないという、甘えがあったからではないのか……。

骨の髄まで「護送船団方式」に毒されていたのは、実は自分ではなかったのか……。

次々とわき上がってくる思いは酔いのせいばかりでなく、高杉はその息苦しさに、思わずホームのベンチに倒れかかった。石神が口にした「自立」という言葉が、酔った頭の中で何度も浮かんでは消えていった。

日本産業銀行は一九九八年一〇月、経営破綻。そして国有化。

翌一九九九年、譲渡先が決まり、高杉隆太郎はそれを見届けるように銀行を去った。

最後の最後まで踏みとどまったのは、企業の「死に方」を見届けたいという思いとやはり銀行マンとしての使命感だった。

問2 高杉さんの内省・自問をあなたはどのように感じますか。

国有化に伴う不良債権処理で巨額の公的資金が投入されたにもかかわらず、産銀は、その後、「ハゲタカ」の異名で名高い米国の外資系ファンド「ウォルバーグ・グループ」を中核とした投資組合にわずか一〇億円で経営譲渡された。

外資の軍門に下ったとも言える、その再生スキームのあり方については、当時、マスコミを中心に賛否渦巻いたが、とにもかくにも産銀は「自立」への道を歩み始めた。

そして、高杉隆太郎もまた、人生の再生をかけた新しい「自立」の舞台へ……。


「組織にとってリーダーの条件って、何だと思いますか？　宮本さん」

「視野の広さでしょうか。常に全体を見渡すことができる人っていうのか……」

「視野の広さ……なるほど、大事な要素ですねえ。じゃあ、高田さんは？」

「やっぱり人望というか信頼というか……部下がついていくような人じゃないと」

「人望、信頼……大切ですねえ。ドラッカーもリーダーの定義を、フォロアー（つき従う者）のいる人と言っていますが、まさにその通りですね。もう一人、山下さん！」


教室は今日も熱気につつまれていた。

受講生たちの真剣な視線と対峙するとき、ディスカッションで手ごたえのある意見が出てきたとき、高杉は無上の喜びを感じる。やり甲斐と言ってもいいかもしれない。

彼は現在、企業研修やビジネス・スクール事業を運営する「フューチャーズ経営大学院」で教壇に立っている。大企業を中心とした三〇～四〇代のビジネスパーソン、中間管理職を対象にしたリーダーシップ教育が仕事の中心だ。

産銀を退職後、先輩や知人から再就職の誘いはいくつもあったが、銀行に対する失望感は自分でも予想以上に強く、金融関係への再就職はすべて断った。

大企業ではなく、たとえ小さくても自分の力が活かせる職場で働きたい……。できることなら、「企業倒産」という負の体験も含めて、自分が産銀で経験した一六年間を何か意味のあることに活かしたい、誰かのために役立てたい……。

そんな思いから、ヘッドハンティング会社の知人に紹介された現在の職場に決めた。当時はまだ社員五〇人ほどの小さな会社だったが、社内には成長力がみなぎっていた。ここで働きたい、自分もここで成長したい……心からそう思った。

「リーダーになると、どんないいことがあるんでしょうか?」

「どうしても肌の合わない上司がいるんですが、どうしたらいいですか?」

「いまプロジェクトで、ちょっと壁にぶつかっているんですが……」

「先生にとって、銀行の倒産は人生にプラスでしたか、マイナスでしたか?」

受講生たちからぶつけられる率直な疑問や質問は、高杉にとって大きな刺激だった。真剣に組織に向き合おうとしているビジネスパーソンがこれほどいるとは、正直、思わなかったし、淡々としているように見えて、実は自己実現や自己成長への希求が強いことにも驚かされた。

産銀時代、ともすれば組織に埋没し、ルーティンの仕事に追われるまま、無意識のうちに「寄らば大樹」に陥っていた自分を、大いに恥じた。

それを感じるのは教室だけではない。

入社時もいまも、高杉にとって職場のスタッフのほとんどが年下だ。

銀行時代は、相談したりアドバイスを受けたりするのは上司や先輩がほとんどだっただけに、年長者のいないいまの職場は少々勝手が違った。

自分が手本にならなければと、妙に力んだこともあった。

しかし、年下の人間の礼儀正しさに感心したり、考え方に共感したり、その発想の柔軟さに舌を巻くことは再三だった。学ぶことはどこにでもあった。

以来、大ファンである吉川英治の著作に出てくる「我以外、皆我が師なり」という言葉が自らのモットーとなった。自らを鍛え高めるためには、あらゆることから謙虚に学ぶ姿勢が必要なのだ。

「えー、また海軍ですか！」

「先生、ホント、好きですねえ」

「ちょっとアナクロニズムと違いますか」

高杉がいつものようにホワイトボードにその五カ条を書き始めると、生徒から一斉にヤジが飛ぶ。

戦中、江田島の海軍兵学校の生徒たちが唱えた「五省」だ。

当時のエリートたちが、国のリーダーたらんと理想に燃え、自らを律したその言葉は、時代を超えて現代に通じるものがあると、高杉は思う。

一つ、至誠に悖《もと》るなかりしか

一つ、言行に恥ずるなかりしか

一つ、気力に欠《か》くるなかりしか

一つ、努力に憾《うら》みなかりしか

一つ、不精に亘《わた》るなかりしか

現代のリーダーたちが「五省」によって自らを省みる。
高杉にとっては、それはもちろん自らへの問いかけ、自問でもある。
企業の将来を担う彼らに、自分の経験を伝えたい……。
そして、自分自身も学び続けたい……。
銀行という大きな庇護を抜け出し、高杉の本当の「自立」への道が始まった。

問3 あなた自身のリーダーとしての気構えを言語化してください。

第5章の要点

第1章から第4章までは、リーダーの行動に着目し、「リーダーシップ発揮の行動プロセス」に則って要所となるリーダーの行動技術について解説してきました。

本章では、そうした行動技術のベースとなるリーダーの気構え、意識、姿勢について、第1章から第4章までのケースも再確認しながら、あるいは私自身の経験や思いも交えながらご説明したいと思います。

リーダーに必要な気構え

本章のケースはご想像の通り、私自身をモデルとして書かれています。関係者の言動や状況設定などに脚色を施してはいますが、私自身が当時考えたことは、ほぼそのまま主人公である

■氷山モデル

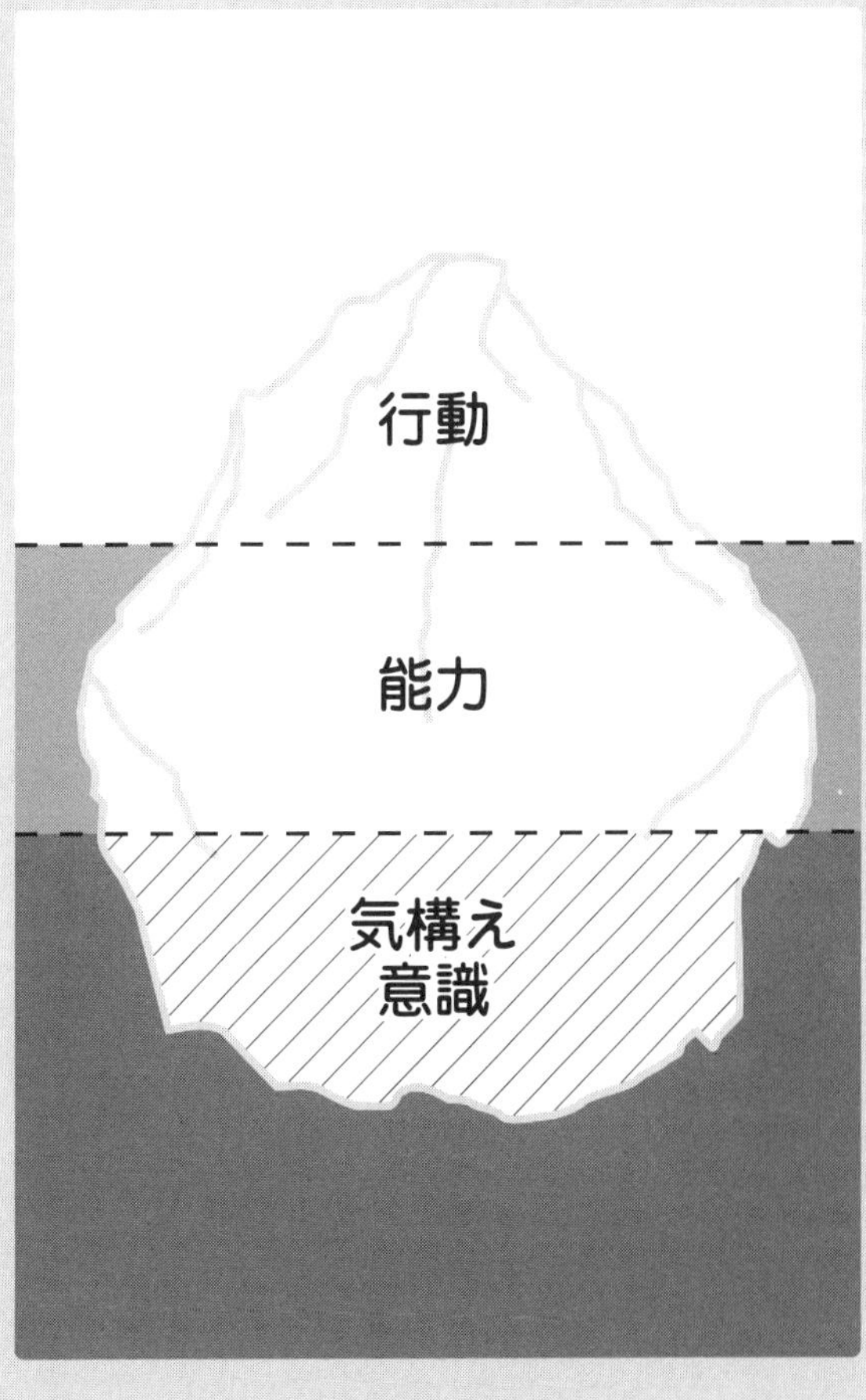

高杉の言動に反映しています。

本章では、これまでの4章とはフォーマットを変え、まず、私自身の経験と、そこで感じたことについて書かせていただきます。

①自分自身の経験から感じたこと

私がグロービスに入社したのは一九九九年一〇月一日です。その前日まで私は、九八年一〇月二三日に破綻し国有化された日本長期信用銀行に勤務していました。

長銀では、入行以来さまざまな部署と業務を経験させてもらいました。数多くの先輩や上司、魅力的な人たちから、ビジネスの見方やものの考え方、ビジネスパーソンとしての生き方などを学ばせてもらいました。彼らの骨太な指導により、肉厚な人生訓を得ることができました。このコミュニティにはいまだに愛着がありますし、これからもこの人間関係を大切にしていきたいと思っています。

思えば、長銀という組織では、異なる業務経験に就くという成長の機会が定期的に用意されていました。また、自分で積極的にそれを求めなくても、手本になる多くの先輩が周囲に存在し、そしてよき上司が語ってくれるという環境が整っていました。

しかし、長銀はつぶれました。理由はどうあれ、破綻しました。体制を批判し、不良債権の経緯を憂いても、虚しい恨み節です。誰かのせいにしても、破綻の事実は変わりません。**他責にしても、何の足しにもならない**ことを痛切に思い知ったのです。

同時に、破綻に至るまで体制批判に甘んじ、体を張ってでも体制を変えようとしなかった自分自身を悔いました。「**自己責任**の原則」という言葉の本当の厳しさを、身をもって痛感しました。

また、これからは自分の力で道を拓いていかなければならないという事実に直面し、自立とはどういうことかを痛感しました。**生涯を通じて自らを鍛え続けなければならない**と直感的に感じました。

さて、九九年の時点で三八歳だった私は、当時まだ五〇人前後の組織であったグロービスでは（いまもそうですが）年長の部類でした。年齢で仕事をする時代ではないとは言え、手本にする先輩の数は圧倒的に少なく、むしろ、自分自身が手本となるべき環境でした。そのことに気づいた私は「**我以外、皆我が師**」の精神で、さまざまな人から学び、自分を成長させ続けることが不可欠であることを強く再認識しました。同時に、組織基盤の整っていない成長企業で仕事をすることで、いかに長銀の環境が恵まれていたかを認識しました。

私が勤務先の破綻と転職の経験から得た気づきや学びは、言葉にしてみると、以下の通りどれも当たり前のことかもしれません。ただ、だからこそとても重要かつ根源的な考え方だとも言えるのです。

■自己責任

長銀の破綻から学んだ「自己責任」のニュアンスは、別な言葉で表現すると「当事者意識」です。すべては自分の問題であるという主体性を伴った思考が欠落すると、そもそも行動は起こせません。自らの使命や責任に対する認識が浅いものだと、一歩踏み込んだ行動につながらず半端なものになります。ときには、不作為の罪をもたらします。結果や事象に対しては他責になりがちです。環境に言い訳を求めてしまう、という傾向も強まるでしょう。

自責とノーエクスキューズ（言い訳はしない）の気構えを腹に持ちつつ、真の当事者意識から行動する重要性を、私は実感しました。同時に、こうした意識がなければ、成果を得られないばかりか、失敗から学ぶことすらできないのだと思います。

■自立

私が必要性を実感した自立とは、仕事をしていくうえでの真のプロフェッショナル意識に近い感覚です。誰かと比較し、競うのではなく、「自らが生み出す価値は何か」という問いに対して本当に自信を持てるようになるということです。甘い自己満足を捨て、冷徹に正しく自己認識できるかどうかです。相手や周囲が受け入れ、さらには社会にとっても役立つ、意味ある価値を生み出せるように、自らを高め続けようと志を立てることが必要なのです。

■謙虚さと学び続ける意思

自らを高め続ける重要性に気がつけば、おのずと学ぶことの必要性に意識が向きます。本当に学ぶ姿勢とは、現状に安易に満足しない気持ちから生まれるのだと思います。しかし、学ぶ姿勢をつい邪魔してしまうのが、自分の心の内側にあるくだらない見栄です。こだわる必要のない自尊心とも言えます。

また、辛抱強く学び続ける根気を持てるのか、という点もポイントです。堅忍不抜の向上心を持ち続けるカギは、ありたい姿に対する強烈な願望か、ありたい姿が実現できないことに対する強烈な危機感、あるいはその両方でしょう。

簡単なことではありませんが、謙虚に自らの現状を省み、あらゆるものから学び続けることに真剣に取り組むことが、何よりも大切だと痛感したのです。

実際にはこうした意識や気構えを常に高いレベルに維持し続けることは、容易ではないと思います。大きな組織で経験を積んでいくと、いつしか主体性を発揮して自ら動くというよりも、与えられた環境に安住するようになってしまう。人間が持つ弱さではないでしょうか。

忙しい日常の中で外に目が行かず、狭い範囲に意識が閉じてしまうこともあるでしょう。自らの存在価値や役割へのこだわりを忘れ、考え抜くことや健全な疑問を持つことをしなくなっているかもしれません。そこそこの成果をあげ、周囲からの評価も定着してくると、自らをより高みに引き上げる自覚的努力を払うことを忘れがちにもなります。奢りや慢心というつもりはなくとも、油断してしまうのです。

私の場合、身を置いていた会社が破綻する、という最悪の事態に直面してはじめて深い自覚と気づきを得るに至りました。本来であれば、もっと前に意識が覚醒されているべきだったと恥ずかしくなりますが、これが偽らざるところなのです。

それでは、第1章から第4章の主人公の体験を振り返りながら、リーダーの持つべき気構えについてみていきましょう。破綻という最悪の事態まで行かなくとも、私たちの日常にはたくさんの気づきのポイントがあるのではないでしょうか。

②リーダーに求められる気構え、意識、姿勢

よいリーダーとそうでないリーダーの根源的な差はどこにあるのでしょうか。誰の目にもわかる具体行動から両者の違いを掘り下げていくと、気構えや意識など、より内面的な部分に行き着くと私は考えています。そこで、各章の主人公の気構えや意識のあり方と変化を振り返りながら、より深いところでリーダーに求められるものは何かを考えていきましょう。

四人のリーダーは、多少の温度差はありますが、いずれも果たすべき使命を全うすべく、当事者意識を持ってことに当たっていたと言えるでしょう。リーダーであれば、高い当事者意識を発揮して、主体的に考え行動するのはできて当たり前です。逆に言えば、当事者意識が不十分では、そもそもリーダーは務まりません。ここでは、当事者意識の先にあるポイントは何か、リーダーとしてもつべき気構えについて考察していこうと思います。

■強い使命感と周囲に伝播する情熱

まず、第2章で芝原電産・携帯電話事業部の再生を託された小山田さんについて振り返ってみましょう。エリート社員として順調にキャリアを積み上げてきた小山田さんは、予期せぬ辞令に気乗りしないながらも、努めて前向きに受け止めようとしていました。ただ、現場の活力を最大限引き出すべき仕事を、自らのキャリア・アップのための道具、あるいはステップとしてとらえていた傾向があります。「結局、自分の立場しか頭になかった」という本人のコメントがありますが、再生の主役になるであろう現場の人々の気持ちやモチベーションに意識が向いていませんでした。リーダーの意識レベルがこの程度であれば、現場の社員は彼の言動から本気度や情熱を感じ取ることはできないでしょう。これでは、周囲を動かすことはまず無理です。私心がすべてに先んじて強く出てしまったと言える例でしょう。

企業人の多くは、小山田さんに限らず、辞令一つでまったく想定しない任務を担うことがままあります。「青天の霹靂《へきれき》」の辞令であれば、自分自身で事態を咀嚼するまでに一定の時間がかかるものです。そんなとき、「とりあえず、大過なく過ごせればいいか」と、やや消極的な当事者意識のまま現場に着任してしまうケースがないとは言えません。はたしてそれで、共に働くメンバーの意欲を鼓舞することは可能なのでしょうか。人の上に立つリーダーとして責任ある行動と言えるのでしょうか。強い使命感と周囲にも伝播するような情熱が備わってはじめて、「リーダーの持つべき気構え」を備えたと言えるのです。

自己規律と利他

次に、第3章の池永さんのケースを思い出してください。ドリーム飲料のバリアフリーのイベントに関する話です。元来、実行力があり自信家の池永さんは、イベントの成功に向けて非常に高いモチベーションを持って動いています。しかし、強い当事者意識と、とにかく成功させたいという強烈な想いがかえって災いしました。あらゆる仕事において言えることですが、事を為すためには協働する関係者の利益と関心に注意深く配慮することが不可欠なのです。池永さんは、すべて自分たちを中心にして物事を判断してしまい、協働者や利害関係者への「利他」の発想が抜け落ちてしまっていたのです。

事業は継続することが重要です。協働、共生の基本は、特定の人間の一人勝ちを避けることです。自己の功を急ぐ態度は、不思議なものですぐに周囲に伝わります。そしてその瞬間、人心は離れます。まず「利他」を考え、その後に「自利」が来るという意識が大切なのです。

人は熱心になればなるほど、自分の視点でものを見てしまうものです。事象や状況を、自分に都合よく判断しがちです。成果へのこだわり、使命を全うしようとする責任感の裏側にある強引さ、傲慢さ――誰もが陥りがちな罠です――を冷静に認識し、自らをうまく制御し、律する。そうした意識もまた、「リーダーが持つべき気構え」と言えます。

では、自らを律するには、どうすればよいのでしょう。自己規律、自己管理の基本は、自分自身をいかに客観視できるかにあります。第1章の南雲さんを振り返ってみましょう。

キーマンズソフトで新プロジェクトを率いる南雲さんは、いくつかの具体的な躓きから大きな学びを得ました。要約すると、使命を果たす、結果を出すという大きなゴールの前で、謙虚にかつ柔軟に自らの一部を否定し、アウトプット志向の意思決定ができたということです。

一般的に、責任への意識が強ければ強いほど、「責任を果たす」ことを「自らが実行すること」と同義に捉えてしまいがちです。地位が上がれば、自らの弱点を認めづらくもなります。自分にできないことをはっきり認識し、その不足分を他者に支援してもらう、というのは大変勇気のいることと言えます。

本当に自信のある人というのは、非常に謙虚なことが多いものです。おそらく、常に自らを相対化し、何が足りていて何が足りていないかを確認することが習慣になっているのでしょう。謙虚さを伴わない自信は、単なる傲慢です。一方で、自信というものがいささかも感じられない謙虚さは、卑屈な印象を与えてしまいます。自立したプロフェッショナルが、自分とは異なる専門性を持ったプロフェッショナルに対してリスペクトの精神を忘れないのも、同じ理屈と言えるでしょう。自信と謙虚とは、実は表裏をなす関係にあるのだと思います。

変化と挑戦を楽しむ

最後に、第4章の橋本さんに注目しましょう。ブライダル・エッジにおける社員の集団離脱を境に、橋本さんは自らの成長や仕事に向き合う基本姿勢に対して悩んでいました。

橋本さんこそ、当事者意識と高い責任感を持って事業の拡大を牽引してきたリーダーです。ところが、いつのまにか事業の拡大そのものが目的化してしまったようでした。事業に対する「責任」のみが強調され、「ねばならない」という意識が橋本さんの日常を支配していったのでしょう。

たしかにきっちりと責任を果たしてくれるリーダーは、メンバーから見ても頼り甲斐のある存在です。しかし、リーダーとは一方で「そうなりたい目標」や「憧れの存在」でもあって欲しいものです。リーダーの周りに「ねばならない」という空気が充満していると、周囲はどう感じるでしょうか。目標に追われるリーダーの下で、組織やメンバーが伸び伸びと成長することはできるでしょうか。

与えられた使命を達成しようと突っ走ってきた企業戦士は多いことでしょう。それは極めて尊いものです。ただ、今後ますます重要になってくるのは、自己の成長と変化、新たな挑戦を心底楽しむリーダーの存在です。橋本さん自身にも、もっと成長しようとする意志と、変化を楽しむ姿勢が求められたのでしょう。それが、組織に揺らぎを与えるリーダーなのです。

では、こうした気構えや意識、姿勢はどうすれば持てるようになるのでしょうか。「立場が人をつくる」という言い方もありますが、どんな地位や仕事を用意しようと、本人にその気がなければ、こうした気構えを持つことは難しいでしょう。私は、リーダーがこれらを身につけるためのカギは「自問力」にあると感じています。詳しくは終章で述べることとしましょう。

ここで、関連する理論について簡単に紹介しておきましょう。

3 Theory

第五水準のリーダーシップ

ジェームズ・コリンズらの調査[注1]によると、よい企業を偉大な企業に飛躍させた経営者は全員、同じ性格を持っていることがわかりました。それが、「第五水準」すなわち、謙虚さと不屈の精神を併せ持ったリーダーシップです（次ページの図を参照）。第五水準の経営者は驚くほど謙虚であり、控えめで飾りません。成功したときは自分以外に成功要因を見つけ、結果が悪かったときは自分に責任があると考えます。謙虚さを装っているのではありません。周囲からも無口、内気、丁寧、穏やか、目立たない、飾らないと評されています。

さらに、謙虚ながら意志が強く、控えめながら大胆という二面性を持っています。野心的であるのは確かですが、野心は何よりも会社に向けられており、自分個人には向けられていません。後継者を選ぶときも、次の世代でさらに偉大な成功を収められることを考えて選びます。

■第五水準までの段階

第五水準　第五水準の経営者

個人としての謙虚と職業人としての意思の強さという矛盾した性格の組み合わせによって、偉大さを持続できる企業を作り上げる

第四水準　有能な経営者

明確で説得力のあるビジョンへの支持と、ビジョンの実現に向けた努力を生み出し、これまでより高い水準の業績を達成するよう組織に刺激を与える

第三水準　有能な管理者

人と資源を組織化し、決められた目標を効率的に効果的に追求する

第二水準　組織に寄与する個人

組織目標の達成のために自分の能力を発揮し、組織のなかで他の人たちとうまく協力する

第一水準　有能な個人

才能、知識、スキル、勤勉さによって生産的な仕事をする

出典：ジェームズ・C・コリンズ著、山岡洋一訳『ビジョナリー・カンパニー② 飛躍の法則』日経BP社

ＥＱリーダーシップ

「ＥＱリーダーシップ」は、ダニエル・ゴールマンが提唱したリーダーシップ行動モデルです。二〇〇二年に翻訳された『ＥＱリーダーシップ　成功する人の「こころの知能指数」の活かし方』[注2]も、ベストセラーとなりました。

多くのリーダーシップ理論が、外面的な行動特性に基づくのに対し、ＥＱ理論では内面的な、「リーダー自身の感情の認識とコントロール」に注目しています。自らの感情を制御しつつ、「前向きなプラス感情」を発信することが、リーダーには求められます。ポジティブな感情が部下の気持ちに訴えかけ、よい雰囲気を醸成して集団を共鳴させれば、最高の結果を引き出せるからです。

さらにゴールマンは、組織に共鳴を起こすリーダーシップ・スタイルを六つに分類しました。優れたリーダーは、ＴＰＯに応じて、これら六つのスタイルを使い分けているのです（次ページの表を参照）。

リーダーシップ6つのスタイル

リーダーシップ・スタイル	共鳴の起こし方	適用すべき状況
ビジョン型	共通の夢に向かって人々を動かす	変革のための新ビジョンが必要なとき、または明確な方向性が必要なとき
コーチ型	個々人の希望を組織の目標に結びつける	従業員の長期的才能を伸ばし、パフォーマンス向上を援助するとき
関係重視型	人々を互いに結びつけてハーモニーをつくる	亀裂を修復するとき、ストレスのかかる状況下でモチベーションを高めるとき、結束を強めるとき
民主型	提案を歓迎し、参加を通じてコミットメントを得る	賛同やコンセンサスを形成するとき、または従業員から貴重な提案を得たいとき
ペースセッター型	難度が高くやりがいのある目標の達成を目指す	モチベーションも能力も高いチームから高レベルの結果を引き出したいとき
強制型	緊急時に明確な方向性を示すことによって恐怖を鎮める	危機的状況下、または再建始動時、または問題のある従業員に対して

出典：ダニエル・ゴールマン著、リチャード・ボヤツィス、アニー・マッキー著『EQ リーダーシップ』日本経済新聞出版社

終 章

リーダーを支える自問力

自らを律する。自らを成長させる

常に高みを目指し、役割を全うする

Lecture

終章の要点

第5章でご紹介した通り、私は長銀の破綻とグロービスへの入社という転機を経て、ようやく、自らの責任で自らの途を拓き、自ら貪欲に学び、そして自らの力で立つということの本当の意味を理解しました。同時に、リーダーとして持つべき気構え、意識、姿勢について強く考えるようになったのです。

では、リーダーとしての次元を高め、リーダーとしてのあるべき気構えを持つためのカギとなるのは、何でしょうか。私は、自問(自省)する力であると考えています。適時に、自らに問いを立て、自らを内省するということがリーダーにとって重要な行動習慣だと思います。

第5章で紹介したような、内面的、意識的な部分は、外からは見えないため、周囲からの改善フィードバックはなかなか得られません。だからこそ、そうした内面的、意識的な部分に対する感度を高め、自らその意識の有無をチェックし、姿勢をただす自問・自省が必要なのです。

現在私は、小さな会社ながらも九〇名弱のカンパニー(事業部)を率いる立場にあります。

まさに日々格闘であり、毎日が勉強の連続です。こうした試行錯誤の中で私は、組織のリーダーとして己を修めるためには、二種類の自問を携える必要があると感じています。

一つが、リーダー自身が求められる役割を全うしているかどうか、あるべき行動を実践しているかを、自己チェックするための自問です。

もう一つは、リーダーとしての自分を一段高め、成長を促すための自問です。私なりに意識している自問について、以下にご紹介しましょう。

自らを律する自問

①リーダーシップ発揮の行動プロセスをチェックする一二の自問

まず、第1章から第4章までの行動要件に関して、それをしっかりと実践できているかを自問します。これまでの復習も兼ねてリストアップしましょう（表「一二の自問」参照）。

3 粘り強く実行し、成果を出す

⑦資源の調達と役割・責任の付与

・人材の能力、適性などを的確に把握しているか。

・その上で、適切な分業体制とメンバーの成長を促す業務、役割を付与しているか。

⑧率先垂範と実行の後押し

・メンバーが躊躇し、逃げ腰になる案件こそ、自ら率先垂範で実行を牽引しているか。

・考えさせ、コーチし、人材育成しながら、メンバーを主役に実行を後押ししているか。

⑨決断力と柔軟性

・困難な問題に対して、時機を逃さず最善の判断を下しているか。

・必要に応じ、勇気ある自己否定も辞さないか(自らが熟考した計画も変えられるか)。

4 人材を育成し、組織文化を創る

⑩互いが学び合う風土づくり

・学びを共有し、互いを高め合う意識と行動をメンバーに浸透させているか。

・組織としての再現性を高めることを重視し、組織全体で学ぶことを奨励しているか。

⑪協働重視と議論・挑戦の奨励

・チームワーク重視のよき文化を、熱意をもって創ろうとしているか。

・本音・本気の建設的な議論ができる風土と、挑戦を尊ぶ気風を自ら体現しているか。

⑫現状打破、組織の飛躍

・とらわれない発想によって組織に変化と刺激を与え、メンバーの潜在力を最大限に引き出し、成長を促しているか。

・リーダーの傲りと安住は組織を堕落させること、自らの言行が組織の文化を創ることを自覚しているか。

12の自問

1 目標・ゴールを明確に打ち出し、関係者を巻き込む

①将来展望と課題把握(時流をつかむ)
・事業環境の変化や起こりうる課題に対して、時間軸を延長し、幅広く展望しているか。
・置かれた環境を正しく俯瞰し、部分最適に陥らないため、意図的に、普段と異なる立場・視点から構想しているか。

②目標・ゴールの明確化
・組織の目指すべき目標やゴールの表現にあたり、単純明快を旨としているか。
・聞き手がゴールをクリアな動画としてイメージできるように描写しきれているか。

③共感と必要性の伝達
・目標実現の意義に留まらず、やらないデメリットまでも徹底的に共有しているか。
・目標設定の背景認識や展望などの視界を共有し、関係者の納得を心底重視しているか。

2 関係者を巻き込み、実行計画を具体化する

④現実直視に基づく判断軸の明確化
・自社のビジネスや顧客・競合のことを、正しく深く他人に説明できるか。
・競争に勝つカギ、優先順位づけ、目標実現の要所などを曖昧なままに放置していないか。

⑤個の納得と巻き込み
・目標実現のアイデアや意見を求め、異論に対しても真剣に耳を傾けているか。
・自らの考えをオープンにごまかさずに説明し、メンバーを積極的に巻き込んでいるか。

⑥実行計画の明確化と不測の事態への備え
・ゴールまでに越えるべき関所ごとの、到達すべき成功の基準は言語化されているか。
・不測の事態を想定した備え(二の矢、三の矢)をクリアにしてあるか。

②行動を支える気構えを、自ら陶冶するための自問

「リーダーは、メンバーが上に対して何でも率直に言える組織風土を醸成すべき」、あるいは「リーダーの非をいさめることができる諫言《かんげん》の士を持て」などと言われます。まったく正論ですが、実際には難しいものです。職責が高くなるほど、耳に痛い厳しいことを指摘してくれる人は少なくなります。だからこそ、リーダーは、自らを律し、陥りやすい失敗を回避する手立てを自分自身で考えておく必要があるのです。自らを省みるために、以下の「五省」が有効でしょう。

■五省

リーダーが自分自身を省み、求められる役割を全うしているか確認するうえで大事なスタンスは何でしょうか。私は、「やっているつもり」というレベルで安易に満足せず、常に「本気でそう言えるか、本当にそうか」と自問し、自らを厳しく律することだと思います。自律自省、克己、修身などと言うと、士官学校の訓練を彷彿《ほうふつ》とさせるかもしれません。

個人的に気に入っており、活用している自問の言葉に、「五省」があります。これは、旧日本海軍の将校を養成した広島県江田島の海軍兵学校で、生徒が毎朝唱えたものです。

一、至誠に悖《もと》るなかりしか
二、言行に恥ずるなかりしか
三、気力に欠《か》くるなかりしか
四、努力に憾《うら》みなかりしか
五、不精に亘《わた》るなかりしか

五省には、第二次世界大戦後に日本を占領したアメリカ海軍の幹部が、その精神に感銘を受け、「FIVE Reflection」として英訳し、アナポリスの海軍兵学校に持ち帰ったという逸話もあります。時代に朽ちない、あるいは場所や文化を問わない普遍性がそこにあります。

今日のリーダーの自問にも、五省の考え方、スタンスは十分応用できます。以下に、私なりの自問を、「現代版五省」として整理しました。この自問は、とりわけ、周囲・メンバーとの関係性におけるリーダー行動やスタンスについて、常に姿勢を正すことを目的にしています。

一、至誠に悖るなかりしか：真心をもって誠実に人（部下）や事にあたっているか

自分は部下の成長を心から望み、それにふさわしい成長機会をつくる意思があるのか。部下の本音を、心底聞きたいと思っているのか

二、言行に恥ずるなかりしか：リーダーとしてふさわしい言動をとり、言行を一致させているか

部下にチャレンジを求め、同時に自らは範を垂れているか、挑戦しているか。

三、気力に缺くるなかりしか：強い精神力をもって立ち向かうべきものに向き合っているか、逃げていないか

自らを安易なところに置いていないか、楽をしようとしていないか。自分が果たすべき本当の役割を考え抜いているか。思い切って後進に任せ、自分はより高い次元の成果に立ち向かっているか。

四、努力に憾みなかりしか：課題を乗り越えるべく骨を折り、本気で汗をかいているか

伝えることの本当の難しさを心得ているか。伝えることに本気で熱心に取り組んでいるか。

五、不精に亘るなかりしか：怠けず、小事を疎かにしていないか

伝えるべきを、しっかりと言葉にすることをさぼっていないか、億劫《おっくう》がっていないか。

自らを成長させる自問

もう一つは、リーダー自身の自己成長を促し、ミッション・レベルを一段高めるための自問です。そもそも成長とは何か、リーダーが成長する意味とは何かについて考えましょう。

①組織の成長は、リーダーの器の大きさで決まる

私はこの言葉の意味合いを、「自分が率いる組織を成長させたいのであれば、リーダーこそが最も学んでいるべきだ。そして、リーダーは自らを成長させ続け、組織に刺激を与え続けなければならない」というニュアンスで受け止めています。

私自身は、グロービスで事業部門の責任者としての職責を担うようになり、自己成長を組織の成長と重ね合わせて意識する気持ちが強くなりました。それまでは、自己成長はあくまで自分のためという認識でした。いまでもその意識は残っていますが、同時にそれは組織の成長に

欠かせないものであり、リーダーとしての責務、使命だ、という認識が高まってきたのです。

この気構えは自明のことに見えて、実際には気づきにくいものです。企業研修で多くの優秀なマネジャーの皆さんと議論していて感じることは、「自己成長」の必要性に対しての共感は得られても、「リーダーの使命としての自己成長」「自己成長に対する責任」を自身の問題としてとらえている例はそう多くはないということです。

■成長とは、変わること

そもそも「成長すること」とは、どうなることなのでしょうか。スキルが身につく。何か新しいことができるようになる。それまでとは違う能力を体得する。さまざまな言い方があるでしょう。

そのなかで、東京大学名誉教授の養老孟司氏が語られていた、「成長とは変わること」という説明がきわめて明快だと、私は考えています。前と後でよい方向に変化があるのが成長であり、変わることが成長の本質という整理は、非常にわかりやすいと思います。

「継続的に成長する」ことは、「変わり続ける」ことと言い変えられるでしょう。これを実践するのはなかなか骨が折れることです。私たちは、往々にして安易な道に流されてしまうからです。前例踏襲の惰性や、無難な安全を選択する誘惑といった、「安住の壁」が成長の難所なのです。「安住の壁」は、以下の三つに分解されます。

新たな役割（ミッション）設定の壁

自ら新たな課題を見出し、挑戦目標を設定することができない状態です。原因としては、待ちの姿勢に陥っている、あるいは、多忙を理由に狭い範囲でしか物事をとらえられなくなっている、などが挙げられます。しかし、リーダーには組織の成長を牽引する役割があり、それは次なるリーダーを育成することでもあります。事業部門長であれ、部長であれ、課長であれ、自身のミッション・レベルを上げ、いまの仕事を後進に任せていかなければ、組織は停滞するのです。

自己否定の壁

変わるということは、往々にして過去のやり方や考え方の否定を伴います。自身の成功体験やある種の自信にどこまで拘泥《こうでい》せずにいられるでしょうか。状況に応じて過去を捨てることが、一皮むけるうえでの難所です。職位が上がるにつれて過去の自信や信念は強まり、自己否定は難しくなりがちですが、厳しく言えば、それは過去の財産に寄りかかった安住なのです。

継続の壁

継続することの難しさに、多くの説明は要さないでしょう。ときに休息も必要ですが、一度でも「まぁいいか」と気を許すと、途端に緊張の糸が切れてしまい、軌道に戻すのが一苦労です。ニューヨーク・ヤンキースの松井秀喜選手も、「これで大丈夫と思った瞬間にダメになる」と語っています。たゆまず、安住せずに進み続けることの重要性を端的に表している言葉です。

②リーダーの成長に不可欠な主体性

「あなたは、ビジネスパーソンとしてどのように成長してきましたか?」という問いに、皆さんはどう答えるでしょうか。多くの方の回答は、以下のようなものではないでしょうか。

「自分は、組織のなかでさまざまな体験をさせてもらい、周囲の刺激を受けることで成長できた」

「組織全体の成長に伴って挑戦の機会が増え、そうしたチャンスを通じて鍛えられた」

管理職の方々と話をしていて感じるのは、職位が上がったとき、「自らをもう一段高めていく」という発想ではなく、「いままで育ててもらったぶんを、しっかり恩返しする」という意識を持たれる人のほうが多いということです。もちろん間違いではないのですが、それでは組織はなかなか大きくなりませんし、ブレークスルーも起きません。

つまり、自身の成長は組織の成長に伴って得られたアウトプットとしてとらえられがちであり、「組織の成長を促すためのインプット」という観点はなおざりにされがちです。両者は鶏と卵の関係ではあるのですが、リーダーの気構えとしては、後者の側面をより強く持つべきなのです。

では、こうした意識を持つのが難しいのはなぜでしょうか。私は、それは主体性の問題に帰着すると考えます。そう言われても、腑に落ちない人もいるでしょう。「逃げずに仕事に向き合うことで多くのことを学んでいる。周囲から謙虚に学ぶことの何が悪いのだ」という声もあるでしょう。私自身、ずっとそう考えてきました。

ところがある日、林田明大氏の『真説「陽明学」入門』[注1]によって、私はハッとさせられたのです。ここには、「人は賢人から学ばなければならないが、最終的には他人から学ぶという態度を克服しなければならない」という「自得《じとく》」の重要性が記されていました。私は、「自得」

には、「自分で考え抜くことの重要性」「機会を自ら創り出すことの重要性」「人に依存せず自分で決断することの重要性」といった要素が込められていると考えています。これこそ、リーダーが持つべき主体性の本当の意味だと思います（ちなみに、同書では陽明学を「『心を陶冶する、鍛えることの大切さを主張した考え』であり『主体性を確立するための人間学』である」と紹介しています）。

さらに、意思決定は人の成長を大いに促す原動力です。誰しも「自分のことは自分で決めろ」と教えられて育ちますが、組織では他人のこと（他人にも影響すること）を決める意思決定が大半であり、責任は重大です。「自分の意思決定で多くの人が動く」「この決断がチームの命運を左右する」という緊張感のある意思決定は、キャリアに比例して増えていきます。一つひとつの決断とその影響を深く考えれば考えるほど、責任を自覚しないわけにはいきません。

真剣勝負の意思決定を積み重ねることで、事実認識と論点把握の精度・速度が向上したり、自身の判断軸が確かなものへと進化したり、より高い視座での決断が可能となったりするといった変化がもたらされます。決断の瞬発力と思考の持久力などを鍛えることも可能です。

ドラッカーいわく、「責任ある存在になるということは、真剣に仕事に取り組むということであり、仕事にふさわしく成長する必要を認識するということである」[注2]。自分で考え抜き、責任ある意思決定を行うことの積み重ねが、その人の役割自覚と主体性を高め、一段の成長を促すのです。

③能動的に、成長を楽しむ

さらに次元を上げて、より能動的に自らに働きかける自問についても考えましょう。自己成長を促すことを、「正確な自己認識を促し」「成長願望と克己心を刺激する」ととらえると、一つの方向が見えてきます。「自分はまだまだである」ことを謙虚に自覚し、同時に「こんなもんじゃない」と不屈の向上心に火をつけるということです。以下に私なりの自問を紹介しましょう。

自己を認識する自問

・この一年間の自分自身の変化、進化を具体的に言えるか？　胸を張れる成長はあったか？
・自らが組織に提供している価値が何であるかを明確に言い切れるか？　リーダーとして期待外れだと思われていないか？
・現在の使命は何か？　使命を果たしたと言える、成功の基準を言語化できるか？　そして自分はその基準を満たしているか？

いずれも「これまで」ないし「現在」に焦点を絞り、事実認識をクリアにしようとする問いです。詰問調となっているのは、曖昧さや甘さを極力排除し、自らの考えをしっかり言語化するためです。その過程で、自己認識はかなり明確なものとなるでしょう。こうして得られる自己認識が、成長の第一歩なのです。現状に安住するな、という自戒でもあります。

もちろん、自省の結果、落ち込むことがあるかもしれません。不甲斐ない自分に直面することもあるでしょう。しかし、厳しい現実から目をそむけていても事態は変わりません。

自省、内省というのは、人によって得手不得手があるようです。どちらかと言えば、自らを責め過ぎて落ち込んでしまう傾向が強い人もいます。そうした自分の癖にも留意しておくのは大事なことです。ちなみに私自身はあまり落ち込むことはないのですが、万が一の場合に自分の感情をコントロールする「脱出方法」を参考までにご紹介します。

たとえば、頭の中が「不安が高まる思考」によって支配されている場合は、その思考パターンに積極的に立ち向かうということです。具体的には「明確な答えのない悩みについて、何度も心配することが何の役に立つのだろうか？　建設的な考え方はないのだろうか？」と自問するようにします。これは、ダニエル・ゴールマンの『ＥＱ　こころの知能指数』[注3]にあった考え方です。実に平易で単純ながらも、私にとっては有益な自問となっています。

次に、いかにして強烈な成長願望や克己心に火をつけるかです。これが、自らを鼓舞して次元を高めるエンジンだからです。これは、「自分は本来こんなものじゃない」という自尊心（プライド）を刺激する自問です。もちろん、褒められて発奮する人もいれば、悔しい思いがバネになる人もいます。モチベーションの源泉は人によって異なり、万能の自問はないのですが、私なりの自問を紹介しましょう。

自らを駆り立てる自問

・そもそも自分はどうなりたいのか？　どんな価値を発揮する人間でいたいのか？
・初志を忘れていないか？　生涯を通じて成し遂げたい大志は何かを語れるか？　いま、言えないとしたら、いつまでその状態でいるのか？　それで自分は本当に納得しているのか？

これらは、どちらかといえば「そもそも」や「これから」に焦点を絞る自問です。狙いは、自分の主体的な発想によって、新たな使命や目標を高い次元で考え直すことです。

自己認識を促すにも、成長願望や克己心を刺激するにも、できるだけ自己の相対化をするのがコツです。世の中のすばらしい人物に触れ、一流に範を求めるなどして、外に基準を置くことです。それが次なる目標への原動力にもつながります。

もちろん、毎日が自問自答だけでは息が詰まってしまいます。大切なのは、リーダー自身が己の成長や挑戦そのものを楽しむことでしょう。毎日が刺激に満ち、達成感が感じられ、メンバーともよい関係で結ばれている、そうした環境が何より重要です。成長を使命と自覚しつつも、それを楽しむメンタリティを、ぜひ持っていたいものです。

自律自省を行い、成長を謳歌し、メンバー個々にポジティブな影響を与えられるリーダーが、組織のあらゆる階層でたくさん活躍している――そんな理想の組織をつくることができたら、あるいはそんな組織づくりのお手伝いができたら幸せだと、私は考えています。

あとがき

本書では、行動要件（SKILL）と気構え・意識（WILL）の両面から、あるべきリーダーシップを描こうと試みた。変化の激しい時代環境のなか、個々人の可能性を引き出し、経営の質を高めることができるリーダーのあり方について考えてきた。氷山モデルをベースに、表に見える（フォロアーが認識できる）行動の重要性に力点を置きつつも、より深い下層にある自己の意識を陶冶すべきことを提言してきたつもりである。そして、自得の精神に象徴されるように、自ら問題解決を図れるリーダー、すなわち「自問力のリーダーシップ」のあり方を模索してきたのである。はたして、読者にとってどれだけ参考になるメッセージを贈ることができただろうか。

一方で、執筆を進めるにあたり、多くの顧客企業や受講者とのセッションにより、私は大きな学びを得てきたことを改めて確認することができた。少なくともこの一年だけで、私自身が直接講師を担当させていただいた顧客企業は二〇社を数え、一〇〇〇名以上の受講者の皆さんと接点を持った。数多くのリーダーたちの生の声や悩みに触れてきた。こうした積み重ね、皆さんとの議論や協働によって得られた現場感覚は、本書のメッセージに臨場感の息吹を吹き込んでくれたと感謝している。

同時に、弊部門グロービス・オーガニゼーション・ラーニング（GOL）が、設立来の一五年で培ってきた人材育成の理念・考え方も、本書には自然と染み込んでいる。GOLでは、組織学習を主要なコンセプトに置きつつ、顧客企業が抱える人材・組織開発上の課題解決を強力にサポートすることに注力している。また、グロービス経営大学院、グロービス経営研究所などの弊社グループ諸機能をフルに活かし、質の高いプロフェッショナル・サービスの提供を実現している。

これまで二五〇社以上の顧客企業とのプロジェクトを通じて蓄積した知見は、私たちのかけがえのない財産である。さらに、意欲あるビジネスパーソンの成長に伴走しうる尊さ、顧客企業の変革プロジェクトに深く携わる責任、いずれもがこの仕事に携わる者の誇りであり、やりがいである。現場活動で得られた人材育成に対する考え方や知見は、今後もこうした形式知として深めて整理し、広く発信していくことが、顧客企業や社会への恩返しであり、私たちの責務だと考えている。

さて、本書の刊行にあたって、冒頭に記した通り、トヨタ自動車の人材開発・育成部門の皆さんとは、幅広く様々な接点を通して、貴重な示唆をいただいた。また、日頃から様々な助言やアドバイスを賜っている左記の方々にも、社名とご芳名を記し謝辞を述べたい。

トヨタ自動車株式会社・小西工己氏、阪峯秀明氏、木村俊一氏、石井直己氏、柴山英昭氏、KDDI株式会社・小室昌司氏、味の素株式会社・甲谷真人氏、株式会社エムネット・田村敬一郎氏、花王株式会社・駒沢紀明氏、キリンビール株式会社・河野真矢子氏、株式会社資生堂・坂倉有氏、シャープ株式会社・辻田正人氏、ソニーマーケティング株式会社・佐々木裕氏、株式会社リクルート・川原信宏氏。

そして、私自身が講師として担当させていただいた企業の人材開発部門の皆さん、ともに学んだ多くの受講生の皆さんに、感謝を捧げたい。日頃から頂戴しているご意見やアドバイスのおかげで、本書が成り立っていると考えている。

執筆に際しては、多くの方のご尽力を得た。ショートケースの構成・脚色は、杉原邦彦氏が引き受けてくださった。五人の主人公の悩みと学びへの、臨場感あふれるストーリーには、共感する読者も多いだろう。また、ダイヤモンド社書籍編集局第二編集部の前澤ひろみ氏は、企画段階から本書に携わり、常に的確なアドバイスと激励を下さった。

そして、弊社・出版部門の嶋田毅さん、有園香苗さん、我がGOL部門・企画担当の竹内秀太郎さん、朝生容子さん、谷口悦子さんはじめ、多くの仲間のサポートがあって本書ができ上がっていることに、この場を借りて深く感謝したい。

本書によって、多くの読者がリーダーシップの醍醐味を理解し、よきリーダーとして、個と組織に成長をもたらすきっかけとなれば幸いである。

二〇〇七年八月

グロービス・オーガニゼーション・ラーニング　カンパニー・プレジデント

鎌田英治

巻末注

第１章

１)Philip M. Rosenzweig, "Bill Gates and the Management of Microsoft", Harvard Business School

２)日本経済新聞、2005年10月25日

３)堺屋太一著『組織の盛衰』ＰＨＰ研究所、1993年

４)マックス・ドゥプリー著、村田昭治訳『リーダーシップは君子のように』経済界、1990年

５)塩野七生著『ローマ人の物語Ⅱ　ハンニバル戦記』新潮社、1993年

６)小倉昌男著『やればわかる　やればできる』講談社、2003年

第２章

１)小倉昌男著『「なんでだろう」から仕事は始まる！』講談社、2004年

２)日本経済新聞、2005年9月26日

３)髙嶌幸広著『説得上手になる本』ＰＨＰ文庫、1998年

４)ダニエル・ゴールマン、リチャード・ボヤツィス、アニー・マッキー著、土屋京子訳『ＥＱリーダーシップ』日本経済新聞出版社、2002年

第３章

１)マックス・ドゥプリー著、村田昭治訳『リーダーシップは君子のように』経済界、1990年

２)小倉昌男著『やればわかる　やればできる』講談社、2003年

３)ディズニー・インスティチュート著、月沢李歌子訳『ディズニーが教えるお客様を感動させる最高の方法』日本経済新聞出版社、2005年

４)ピーター・Ｆ・ドラッカー著、上田惇生訳『ドラッカー名著集２　現代の経営』ダイヤモンド社、2006年

５)ラリー・ボシディ、ラム・チャラン著、高遠裕子訳『経営は「実行」』日本経済新聞出版社、2003年

６)リチャード・ファーソン、ラルフ・キーズ「失敗に寛容な組織をつくる」『ＤＩＡＭＯＮＤハーバード・ビジネス・レビュー』2003年12月号

第４章

１)飯田亮、宮本惇夫著『セコム飯田亮の直球直言　むずかしく考えるな　楽しくやれ』日本実業出版社、1999年

２)羽生善治『決断力』角川書店、2005年

３)ピーター・Ｍ・センゲ著、守部信之訳『最強組織の法則』徳間書店、1995年

第５章

１)ジェームズ・Ｃ・コリンズ著、山岡洋一訳『ビジョナリー・カンパニー②　飛躍の法則』日経BP社、2001年

２)ダニエル・ゴールマン、リチャード・ボヤツィス、アニー・マッキー著、土屋京子訳『ＥＱリーダーシップ』日本経済新聞出版社、2002年

終章

１)林田明大著『真説「陽明学」入門』三五館、増補改訂版、2003年

２)ピーター・Ｆ・ドラッカー著、上田惇生訳『ドラッカー名著集４　非営利組織の経営』ダイヤモンド社、2007年

３)ダニエル・ゴールマン著、土屋京子訳『ＥＱ　こころの知能指数』講談社、1996年

［執筆者］

鎌田英治（かまだ・えいじ）

北海道大学経済学部卒業。日本長期信用銀行を経て1999年よりグロービスに参画。長銀では、人事部（人材開発の企画・実践）、システム企画部（業務プロセスの設計・開発）などの本社管理部門のほか、事業会社の企画・財務部門に対し金融の側面から成長戦略や事業再構築を支援する営業部門にも携わる。長銀信託銀行では営業部長として資産流動化ビジネスの営業・マネジメント全般も統括する。グロービス参画後は、グループ人事責任者（マネジング・ディレクター）、グロービス名古屋オフィス代表などを経て、2006年4月よりグロービス・オーガニゼーション・ラーニングのカンパニー・プレジデントに就く。
講師としては、グロービス経営大学院、グロービス・マネジメント・スクールおよび顧客企業向け研修にてリーダーシップのクラスを担当する。

［構成協力］

杉原邦彦（すぎはら・くにひこ）

放送作家。1953年、島根県生まれ。立命館大学中退。24歳の時にＮＨＫラジオドラマでデビュー。以後、ドラマやドキュメンタリーの脚本・構成を中心に活動。主な作品に、ラジオ劇場（ＮＨＫ）、ドラマ30「車椅子の金メダル」（ＴＢＳ）、「素敵にドキュメント」（日本テレビ）、「ガイアの夜明け」「美の巨人たち」（テレビ東京）がある。民放祭最優秀賞、文化庁芸術作品賞など受賞。

［企画・構成］

嶋田毅（しまだ・つよし）

有園香苗（ありぞの・かなえ）

［著者］

グローバス http://www.globis.co.jp/

創造と変革をもたらすビジネスリーダーを育成するとともに、グロービス・グループの各事業を通じて蓄積した知見に基づいた、実践的な経営ノウハウの研究・開発・発信を行っている。

グロービス・グループには以下の事業がある。

●グロービス・マネジメント・スクール（ビジネス・スクール事業）
●グロービス・オーガニゼーション・ラーニング（人材育成・組織開発事業）
●グロービス経営研究所（経営研究、出版事業）
●グロービス・マネジメント・バンク（経営人材紹介事業）
●グロービス・キャピタル・パートナーズ（ベンチャーキャピタル事業）

グロービスの実感するＭＢＡ
自問力のリーダーシップ

2007年 8月30日　第1刷発行

著　者——グロービス
発行所——ダイヤモンド社
〒150-8409　東京都渋谷区神宮前6-12-17
http://www.diamond.co.jp/
電話／03·5778·7234（編集）　03·5778·7240（販売）
装丁————渡邊民人（TYPE FACE）
本文デザイン—小林祐司（TYPE FACE）
カバー写真—岡村啓嗣
製作進行——ダイヤモンド・グラフィック社
印刷————勇進印刷（本文）・加藤文明社（カバー）
製本————宮本製本所
編集担当——前澤ひろみ

ISBN 978-4-478-00174-5